和谐校园文化建设读本

中学教务工作漫谈

宋立林/编著

吉林教育出版社

图书在版编目(CIP)数据

中学教务工作漫谈 / 宋立林编著. 一 长春：吉林
教育出版社，2012.6（2022.10重印）
（和谐校园文化建设读本）
ISBN 978-7-5383-8748-3

Ⅰ. ①中… Ⅱ. ①宋… Ⅲ. ①中学一教务工作一研究
Ⅳ. ①G637.3

中国版本图书馆 CIP 数据核字（2012）第 115948 号

中学教务工作漫谈
ZHONGXUE JIAOWU GONGZUO MANTAN

宋立林　编著

策划编辑	刘 军　潘宏竹		
责任编辑	庞 博	**装帧设计**	王洪义
出版	吉林教育出版社（长春市同志街 1991 号　邮编 130021）		
发行	吉林教育出版社		
印刷	北京一鑫印务有限责任公司		
开本	710 毫米×1000 毫米　1/16	**印张** 11	**字数** 140 千字
版次	2012 年 6 月第 1 版	**印次** 2022 年 10 月第 3 次印刷	
书号	ISBN 978-7-5383-8748-3		
定价	39.80 元		

编　委　会

主　　编：王世斌

执行主编：王保华

编委会成员：尹英俊　尹曾花　付晓霞
　　　　　　刘　军　刘桂琴　刘　静
　　　　　　张　瑜　庞　博　姜　磊
　　　　　　潘宏竹
　　　　　　（按姓氏笔画排序）

总 序

千秋基业，教育为本；源浚流畅，本固枝荣。

什么是校园文化？所谓"文化"是人类所创造的精神财富的总和，如文学、艺术、教育、科学等。而"校园文化"是人类所创造的一切精神财富在校园中的集中体现。"和谐校园文化建设"，贵在和谐，重在建设。

建设和谐的校园文化，就是要改变僵化死板的教学模式，要引导学生走出教室，走进自然，了解社会，感悟人生，逐步读懂人生、自然、社会这三本大书。

深化教育改革，加快教育发展，构建和谐校园文化，"路漫漫其修远兮"，奋斗正未有穷期。和谐校园文化建设的研究课题重大，意义重要，内涵丰富，是教育工作的一个永恒主题。和谐校园文化建设的实施方向正确，重点突出，是教育思想的根本转变和教育运行机制的全面更新。

我们出版的这套《和谐校园文化建设读本》，既有理论上的阐释，又有实践中的总结；既有学科领域的有益探索，又有教学管理方面的经验提炼；既有声情并茂的童年感悟；又有惟妙惟肖的机智幽默；既有古代哲人的至理名言，又有现代大师的谆谆教诲；既有自然科学各个领域的有趣知识；又有社会科学各个方面的启迪与感悟。笔触所及，涵盖了家庭教育、学校教育和社会教育的各个侧面以及教育教学工作的各个环节，全书立意深邃，观念新异，内容翔实，切合实际。

我们深信：广大中小学师生经过不平凡的奋斗历程，必将沐浴着时代的春风，吸吮着改革的甘露，认真地总结过去，正确地审视现在，科学地规划未来，以崭新的姿态向和谐校园文化建设的更高目标迈进。

让和谐校园文化之花灿然怒放！

本书编委会

❀目 录❀

第一章 教务工作的意义和地位

第一节 教务工作的意义

教务工作是学校工作的重要组成部分，是学校管理的中心环节。教务工作不管是从其机构设置、人员构成，还是从其性质和内容来说，对学校的发展都有重大影响。学校领导和教育工作者要充分认识教务工作的重要性，要认识到教务工作对社会主义建设、学校发展和人才培养的重大意义，加强教务工作，使教务工作真正发挥其应有的作用。

1. 加强教务工作是社会主义现代化建设的需要。科学技术的发展，人才的培养最终靠教育，教育是基础。《中共中央关于教育体制改革的决定》指出"教育必须为社会主义建设服务，社会主义建设必须依靠教育"。这就指明了教育的发展方向。社会主义建设需要人才，要依靠教育，教育要为以经济建设为中心的社会主义现代化建设服务，为建设社会主义的物质文明和精神文明服务，也就是要求教育事业为党的总任务、总目标服务。因此，全国各级各类学校要重视加强教务工作，这不仅是教育事业发展的需要，更重要的是社会主义现代化建设的需要。

2. 加强教务工作是学校发展的需要。随着社会不断地向前发展，教育改革的深化，学校自身也在不断向前发展。就学校内部来看，教务工作对学校发展和建设有重要意义。学校教务工作与学校其他工作有着密切的联系，并对这些工作产生一定的或重要的影响。例如，学校教务工作对学校教学工作、管理工作、思想政治工作、校外教育工作、学校建设工作、教育改革以及教育方针的贯彻和执行等产生重要作用，而这一系列工作又影响到整个学校的发展。因此，加强学校教务工作对学校自身发展具有重大意义。

3. 加强教务工作也是教育工作者自身的需要。教育工作者是学生智力的开发者和心灵的塑造者。教育工作者的根本任务是认真贯彻执行党的教育方针，做好学校各项工作，使学生在德、智、体、美、劳等方面得到全面发展，成为有理想、有道德、有文化、有纪律的社会主义事业建设者和接班人。教育事业是社会主义建设事业的重要组成部分，党和国家把年轻一代托付给教育工作者来培养，是对教育工作者的最大信任。每所学校的教育工作者通过自己的辛勤劳动全面完成教育工作，向各条战线输送合格人才，这是教育工作者对国家和社会的最大贡献。因此，做好学校教务工作，既是党和国家对教育工作者提出的基本要求，又是广大教育工作者献身教育事业的优秀品质所决定的，是教育工作者自身的需要。

第二节　教务工作在学校中的地位

学校工作纷繁复杂，为了培养人才，各项工作都要发挥应有的作用。教务工作是学校工作的重要组成部分，是学校管理工作的中心环节。教务工作关系着学校的发展和人才的培养，在学校中占有显著的重要地位。

一、教务工作是学校的中心工作

我国学校的主要任务是贯彻党和国家的教育方针，促进学生的全面发展，为社会主义现代化建设培养合格人才。学校的各项工作都必须围绕培养人才这个中心来进行。就学校而言，它的主体是学生和教师，学校的主体活动是教师的教和学生的学，教学是人才培养最基本的途径。学校主体活动进展如何，直接影响学校的工作，影响学生在德、智、体、美、劳等方面的全面发展。因此，学校中的教学管理、思想政治教育管理和教学行政管理就显得非常重要，而教务部门正是行使这些管理职能的机构。教务工作服务于学校的教育和教学。出色的教务工作可以为师生的教和学从思想上、组织上和物质上提供各种有利条件，创造一个良好的工作和学习环境，提高教学质量，使学生健康地成长。作为学校领导，要把教务工作放在重要地位，认识到教务工作的重要性，以此来推动学校工作的开展。

二、教务工作是学校正常运行的重要机制

学校是一个有机整体。学校工作是一个网络系统，有很多系列。要想使学校整体活动正常，就必须协调学校工作的各个方面，分清学校工作的主次、轻重，解决学校工作的主要矛盾。就学校管理工作而言，教务工作是学校管理的主要方面、重要方面，是学校管理工作的主要矛盾。学校是育人场所，不同于工厂，人才的培养主要通过教学。那么，管理学校一定要以教学为主，而教务工作的主要职能是教学管理。实践证明，在学校管理工作中，什么时候体现了以教学为主，学校总体活动就正常、有效；什么时候忽略甚至否定了以教学为主，学校总体活动必然不稳定、混乱，工作质量和效能就低下。例如，如果一个学校的教学计划、规划的制定不科学，甚至没有，那么这个学校的整个教学活动就会处于一种无秩序的、无目的的混乱局面，从而使整个学校的总体活动无法得以正常进行。导致这种局面的最根本原因是教务工作的失误。

作为教育工作者，特别是学校领导，在办好学校方面，不仅要方向明确，教育思想端正，而且要重视学校各方面工作的管理。特别要认识到教务工作对学校正常运行的制约作用，认识到教务工作的重要性，把教务工作放在学校管理工作中一个重要的位置上。只有这样，才能协调学校各部门的工作，理顺学校各职能机构的关系，使学校处于正常的运行轨道上，健康和谐地发展，从而提高教学质量，为社会主义现代化建设培养更多、更好的合格人才。

三、教务工作是学校工作中最基本、最经常和最大量的工作

为了培养国家建设所需人才，学校必须做大量工作。学校工作是一个综合的系统工程，人才的出现是许多工作综合作用的结果。但是，教务工作是学校工作中最基本、最经常和最大量的工作。在宏观上，教务部门是学校计划的主要制订者之一，制订学校最主要的教学计划和有关教学工作的规章制度；制订学校有关教育事业发展、专业设置、教学改革等方面计划。在微观上，组织检查、监督教学计划、课程标准的执行和完成情况；全面安排学校的教学活动，把好教学质量关，对教学过程和学习过程的各个环节提出标准。在其他方面，教务部门还要做大量的工作。如负责教师培训；教材、讲义的编写、审查、交流及印刷等；负责制定开课计划，编班、编课、师生的考勤、考核等；还负责招生、学籍管理等等。

学校教务工作涉及面广，工作量大，工作内容重要，是学校内部最基本的工作。因此，教务工作在学校中占有重要地位。

第三节　教务工作与学校管理工作

发展社会主义教育事业，培养德、智、体、美、劳全面发展的社会主义建设人才，关键要办好学校。要想办好学校，就必须重视教务工作。从管理范围上讲，教务工作隶属于学校管理工作，是学校管理的重要组成部分。一所学校的教务工作对学校管理有着巨大的影响作用，做好教务工作，对学校管理工作有着重要的现实意义。

一、教务工作是学校管理工作的重要环节，对学校管理工作起决定作用

教学是学校的中心工作，学校的一切工作都基本上是为保证教学和提高教学质量服务的。在学校管理过程中，教学管理是核心，搞好教学管理工作，是顺利进行学校管理的基础。而教务部门是管理学校

教学工作的职能机构，是教学管理的中枢。学校管理的终极目标是提高教学质量，培养出高质量的人才，以收到最大的社会效益和经济效益，而教学管理对提高一所学校的教学质量起着决定性的作用。那么，作为教学管理的职能机构——教务处（教导处）的工作就显得至关重要了。

二、教务工作担负着学校全体教师和学生的管理

学校管理最主要的是人的管理。教师和学生是教学活动中最主要的因素，也是学校的主体。在学校，教师的任务是教书育人，学校工作搞得如何，学生发展得如何，教学质量高低等一切都与教师密切相关。怎样才能使教师真正做到教书育人？怎样才能使教师充分发挥其主动性和积极性？怎样才能使教师热爱教育事业，心情舒畅地工作？这一系列问题都和教务工作休戚相关。教务部门在教学管理中，要对教师进行教学思想管理。一切教学活动都是在一定的教学思想支配下进行的，有什么样的教学思想，就有什么样的教学活动表现。一个教师的教学面貌如何，除业务水平外，归根到底是他的教学思想在起作用。教师的教学指导思想正确，他就会自觉地进行自我控制、自我调节，充分发挥主动性和创造性，使教学工作向好的方向发展，教学质量就会得到不断的提高。对教师进行教学思想管理主要从以下几个方面考虑，这也是教学思想的具体内容。

1. 教育观。教师对社会主义教育事业的认识和态度，是教师的世界观、人生观具体表现在教学上的一种反映。作为人民教师，只有忠诚党的教育事业，热爱人民的教育事业，对国家前途、民族未来高度负责，才能产生积极向上的态度，对教学工作精益求精。

2. 质量观。所谓质量观，就是教师对教育质量的看法，对衡量教育质量的标准的认识。衡量一所学校教学质量最根本的标准是党和国家的教育方针和培养目标。一个合格的教师应该树立正确的质量观，

既要确立全面发展的思想，使学生在德、智、体、美、劳等方面得到全面发展，又要确立全面教育的思想，实施全面发展的教育，即德育、智育、体育、美育和劳动技术教育，使全体学生受到全面的教育，得到全面发展。

3. 人才观。学校是育人的特殊场所，教学是培养人才的主要途径。对人才标准的不同看法形成了人才观。人才观是教学思想的重要内容。人才是一个相对的概念，我国现代化建设需要不同行业、各种层次的人才。作为教师，在教学中应该树立正确的人才观，公正客观地看待、评价每一个学生，使他们的长处得到发展，使他们都能在自己原有的基础上得到最大可能的发展，成为国家的有用之才。那种厌弃学习成绩不良的学生，采取淘汰制甩包袱的办法，是在人才观上缺乏正确认识的错误做法。

4. 学生观。学生是教师教育的对象，在教学中教师如何看待认识学生是至关重要的。学生是未成熟的社会主体，教师的学生观正确与否，直接影响学生的成长。首先，应该树立热爱学生的观念，这是教师工作的前提。俄国作家托尔斯泰说过："如果一个教师把热爱教育事业和热爱学生结合起来，他就是一个完美的教师。"可见，热爱学生是教师高尚的道德品质。其次，应该把学生放在客观、恰当的位置。学生具有个性，具有主观能动性，是活生生的人，是学习的主体、发展的主体。教师在教学中必须充分调动学生学习的主动性和积极性，充分发挥学生在学习中的主体作用，培养他们的独立性和创造精神，使学生在全面发展的基础上，个性也得到发展。

5. 育才观。教师要用科学、有效的方法，使学生掌握系统的科学文化知识和技能技巧，发展学生的智力和能力，培养学生良好的思想品德，促进身心健康发展。正确的育才观应该是既教书，又育人，既重视学生理论知识的学习，又重视社会实践活动，还要重视学生智力发展和能力培养；既要养成学生良好的思想品德，又要增进他们的身心健康；既要使学生全面发展，又要使学生的个性得到发展。

以上五个方面是教务部门对教师教学思想管理的基本依据和基本内容。学生是教学过程中最积极、最活跃的动态因素，是学习的主体。影响学生学习的既有内部因素，也有外部因素。两者在学习过程中同时发挥作用。学生学习的内因是质量变化的依据，如学习目的、学习态度、智力水平等主观因素。外因是学生学习的重要条件，它的作用是调动学生的内在动力，使学习过程最优化。学生学习的外因主要有教师、教学内容、教学设备等。学校教务部门是管理学生的职能部门，特别是中小学校，教务部门对学生进行全面管理。学校教务部门为了保证教学的顺利进行，充分发挥学生的主体作用，既要加强学生的组织管理，同时还要为学生的学习创造良好环境，提供必需的教学条件，使学生学习外因通过内因发挥积极、有效的作用。

三、教务工作对学校教学质量的提高有直接的作用

教学质量问题是实现学校的教育目标，贯彻全面发展教育方针的核心问题。提高教学质量是学校管理目标之一，学校的一切工作都是为了提高教育、教学质量，培养合格的人才。教育、教学质量的提高是学校教育工作的出发点和归宿。一个教学质量很低的学校，是没有生命力的学校，最终要被淘汰。教学质量是评价学校好坏的一个重要标准。怎样才能提高学校的教学质量呢？这里既有教学过程的正常运行，同时又有教学过程的质量管理。各级各类学校的教务（教导）部门，如不把教学质量的管理放在第一位，那么，学校教务工作就偏离了轨道，从而影响整个学校的管理工作，影响整个学校的未来发展。因此，教务部门要严格把好教学质量关，要对教学质量控制等进行科学的管理，全面提高教学质量，为最终培养出高质量的人才奠定良好的基础。

四、教务工作是衡量学校管理工作的重要标准

衡量学校工作的好坏，标准是多方面的，但教务工作的质量是衡量一个学校管理工作最基本、最重要的标准。只有抓好学校教务工作，学校管理工作才能向好的方向发展；只有提高教务工作质量，学校管理工作才能真正见成效。作为学校领导，要正确认识教务工作和学校管理工作之间的关系，重视学校教务工作，提高学校管理水平。

第二章　教务工作常规及管理

第一节　教务常规工作

一、编班

编班是指把年纪和知识水平相同或相近的学生，按照定额合理分配，组成平行班，以便实施教育教学工作。做好编班工作，应把握以下原则：班内男女生比例合适，班级学生智力差异均衡，班级间学生年龄段相仿，居住路段较集中。班级编定后，应保持相对稳定，不能轻易变动，营造稳定的学习环境，以利于班集体形成。在有组织的班集体中，学生的个性能得到健康的成长、发挥，学生的个性也促进了有组织的班集体更好地形成。在班集体中，建立一种和谐的气氛，使师生之间、同学之间的关系和睦融洽，心心相印，能有效地调动每个学生的积极性，能在令人愉悦的教育情境中消除学生中诸多的不健康心理因素，能在班集体中形成一种协调的人际关系，进而使学生的个性特长得到充分的发展。因此，在班级建设的众多目标中，建立和谐的班级人际关系是一个重要方面。

二、课表的编制

课表的编排是教务主任的主要职能之一，它是组织教学过程的具体表现形式，应真实地反映教学计划，成为学校进行教学工作的依据。课表是对一学期所涉及的课程、教师、学生及时间的优化组合，是学校各项管理工作的基础。

（一）课表编排的基本原则

为了合理地组织教学，科学地安排课表，规范课务管理，稳定教学秩序，确保教学质量，首先应该了解课表编排的基本原则。

1. 课程的设置必须以市级教育行政主管部门颁发的课程计划为依据，遵循由市教育局设置的《义务教育课程设置方案》，开足开齐《义务教育课程设置方案》所规定的课程，课表的总学时必须与课程计划相一致。

2. 课表的编排要科学、合理，有利于发挥所有教师的自身优势，有利于提高教育教学质量，有利于学生的全面发展，有利于充分利用教室和教师设备，全体教师都应顾全大局，自觉服从课表的安排。

3. 课表的编排要充分利用现有的教学资源，合理地安排任课教师，努力提高微机室、多媒体教室、音乐室和各科实验室和活动场地的利用率。

4. 课表的编排要遵循教育学和心理学原理，遵循学生身心发展的特点，有利于学生劳逸结合，注意各种不同学科课程之间的合理搭配。原则上不同课程应穿插交错安排，同一门课程间隔应均衡。

5. 排课时应考虑到行政领导的工作量、班主任的工作量、各学科教师的工作量，并根据相关文件及学校的实际情况酌情安排。

6. 排课应有利于教研活动和教师业务进修，根据各学科教师的教研活动时间进行科学的编排，确保所有教师都能参加集体教研，服务于教学。

7. 教师如有特殊困难或者对课务安排有特别的要求，必须在每学期结束前半个月以内，以书面形式报告教研组长，并由教研组长签署意见后交教务处。

8. 课表一经排定，发给教师，如对课表安排有意见者，应书面报告教研组长，并由教研组长上报教务主任，研究酌情办理。

（二）课表编排的步骤

每学期结束，各位教师应将下一学期课务编排的意向报到教务处；教务主任在校长的领导下，根据市级教育主管部门颁发的课程计划、教师和学校工作实际以及教师的意向，初步确定每位教师的分工表，并将初步分工表发给各位教师，并依据实际情况进行协商调整，力求做到公正、公平。最后统计全校教师的总课时数，要求与课程设置数相一致，编制"三表"。确认无误后，打印教师课表、班级课表、全校总课表。

（三）课表编排的一般方法

在充分了解情况和明确上述要求的基础上，可着手编排总课表。

1. 照顾到教学设备的交替使用，应先排受设备限制的课程（如理化、体育、音乐等），避免冲突。

2. 分年级排课表，应先排跨年级教师的课程，再排跨班教师的课程，后排一个班的教师的课程。

3. 考虑到师生的精力，应先将基础学科（如语文、数学、英语）排定，然后排其他学科，并适当把个别教师不能排课的时间空开。

4. 在初步排定后，应回头进行检查，看看课表编排得是否合理。如某一学科课表编排得是否集中或分散，某一天的作业门类是否过轻或过重，体育课是否合乎要求，某教师的课是否分布均匀等。发现不合理情况，应及时调整。为便于调整，最好使用写有科目名称的硬纸签或小铁片，以便随时更换、调整。

5. 排定的课表，应保持相对稳定，必须调课时，需经教务处同意。全校总课表一般应挂在教务处，分班课表贴在教室里，任课表应分别发给任课教师。

（四）课表的调动与管理

1. 学生和任课教师都必须按课表上课，任何人不得随意更改和调整上课时间，不得误课、迟到、早退和拖堂。对于国家公布的节假日放假、停课、调换休息日等决定，教务处应及时做好准备工作，并以书面形式告知全校师生。

2. 为了稳定教学秩序，保证教学质量，教师在任课期间无特殊需要，应尽量不安排出差，不能因业务进修、外出听课或参加其他活动等影响正常的教学活动，即使因公出差也应该自己调整好课程安排，及时向教务处汇报。

3. 教师应严格按照课表及教学计划进行教学，不能擅自调课或停课，不能私下请人代课。特殊情况需要调课或停课时，必须事前办理调课或停课手续并征得教务处的同意（急病等特殊情况例外），否则按教学事故处理。任课教师因病或其他特殊情况不能坚持上课，需要调课或停课的，由教师本人向校长办公室和年级组长提出申请，由年级组长提出相应的调课方案上报教务处，经教务处同意后再具体实施。

4. 学校因调整教学计划或开展活动等，需要调课或停课的，由教务处提出相应调课方案上报校长室，经校长室同意后再具体实施。凡是临时性的课程调动，由教师自行调动，并报教务处备案。

5. 参加教学研究课、外出听课、学习、讲座、参观考察等，需提前一日通知教务处，由教务处安排调课；当日提出，原则上不调课。

6. 教师误课、离岗或早退，没有特殊情况的一律按教学事故认定，依据处理办法的规定进行处理。

三、学籍管理

（一）学籍管理的重要性和必要性

学籍管理是教学管理的重要内容，加强学籍管理，严格控制学生流失和辍学，是"两基"任务之一。学校要严格按照教育行政领导机关的有关规定对新生入学、转学、休学、复学、退学、借读、升学、留级、开除、毕业、肄业等事项认真实行管理。

（二）入学管理

学生入学情况学年统计应与教育年度统计工作同步，在学年开学后一个月内进行。学期统计应在学期开学后一个月内汇总上报教育主管部门备案。

1. 建立学籍档案

学籍档案一般有三种：第一种为学生的总名册（新生学籍登记表），学校应建立和保存全校历届学生的总名册，每年进行装订。应进行综合统计，包括总人数、男女学生数、年龄分布情况、各民族学生数等。第二种为毕业生登记、毕业证书存根等。第三种即学生个人学籍档案。学校必须在当年10月中旬以前据实为新生注册学籍，建立学籍档案，一般包括：《学生学籍卡》《学生健康检查表》《学生素质评价手册》《义务教育阶段学生学籍变更情况统计表》。学籍管理员要及时将学籍卡或电子表格按规定时间带到教育局验印。每个学期结束时要将学生的学习成绩、操行评语、考勤情况、奖惩等逐一登记在学籍上。因故休学、退学、转学等要及时登记注明。

2. 其他学生统计表

学籍管理中通常还应有在校生分班名册（座位表）、每学期学生入学统计表、学生学籍变动情况登记表（学生转学、休学、复读、借读、死亡等）。新生名册及学生转学、休学、复读、借读等学籍变动情况应于新学年开学一个月内报所辖教育主管部门备案。

（三）关于学籍变动的管理

各种情况的学籍变动手续应在新学期开学前一周和开学后一周内办理。学期中途不予办理。转学手续应严格执行国家教育部《中小学学籍管理办法》的规定，任何学校不得接受不符合转学手续的学生。

1. 休学与复学

在校学生因病每学期累计休假超过8周仍不能到校坚持学习者，需由家长提出书面申请，并持医院证明，学校认真调查了解情况属实，报教育局批准后，学生方可休学。

学生休学期满要求复学的，应持原校开具的休学证明和医院同意复学证明向学校提出申请，经学校审批（盖章）报教育局批准后方可复学。

2. 借读

非本区户口，在本区有居住条件需接受义务教育的学生，经与申请借读学校联系，学校同意批准后需在借读学校填写《借读生登记表》、学籍卡，到教育局登记备案后，方可借读。

本区户口到外地借读，学生需提出书面申请，填写《借读生登记表》，经学校同意盖章，报区教育局审批同意后方可到外地借读。

3. 转出

学生如需转出本校，应先向班主任教师申请，再由班主任教师向教务处申请，由教务处向校长室汇报，经校长室研究决定是否同意该生转出（在学期结束时提出申请）。家长凭借清单、各项缴费凭证及接收学校证明到教务处开转学证明，在学籍人数上及时进行登记。

4. 转入

首先由监护人向接收学校申请，填写《转学申请表》；学生家长带齐相关学生转学资料（户口本原件及复印件、房地产权证原件及复印件、学生素质报告书、在读学校个人学籍卡、转学证明）交给教务处。教务处根据学校现有学生人数情况向校长室汇报，由校长室研究决定是否同意接受，进行转学考核，考核合格者到教务处领取接收证明，再到原学校办理转学手续，同时教务处要及时做好人数变更工作。

5. 随班就读

在义务教育阶段，对待一些有生理缺陷的学生，可以申请"随班就读"，这些学生必须持有医院的诊断证明，向学校教务处申请，再由教务处核实向上一级教育主管部门申报，获得批准后，方可办理随班就读手续。每年随班就读的学生都有专设的个人跟踪档案，有一整套的学习情况反馈表格需要班主任教师、任课教师填写。教务主任应在开学时及时将各类表格下发给班主任教师，让他们及时做好记录；学期中定期检查、调研，组织开展个案研究；学期结束时，教务主任要及时将随班就读学生的档案收回，将档案资料的管理纳入班主任工作考核。

四、集体备课的设计

备课是教师在课堂教学之前进行的设计准备工作。它是课堂教学的起点和基础，是决定课堂教学质量高低的重要一环，也是课堂教学艺术的重要组成部分。集体备好课是上好课的前提。而集体备课就是教师根据课程标准的要求和教材特点，结合学生的实际情况，选择最科学的教法和程序，为优质高效的课堂教学做好充分准备。为了充分发挥集体智慧，促进以老带新，以新促老，集思广益，博采众长，真正实现资源共享，使全体教师能从单元整体上驾驭教材。

古人云："凡事预则立，不预则废。"课堂教学作为整个教学过程的中心环节，具有很强的科学性和连续性，事前必须做充分的准备，否则就不能取得理想的效果。

具体实施步骤：

1. 参与备课活动的领导要准时深入到各组检查，并参与备课内容的交流与研讨。

2. 备课组组长要按时组织组内成员积极高效地参与备课，组长要认真负责，周密安排此项工作，在每周备课前，要明确主备人并通知其他几位备课人主备人的备课内容。备课结束后组长要安排好下周备课工作。

3. 中心发言人在集体备课前要按进度确定备课内容，内容确定后要深入钻研教材和课标，反复阅读教学参考书和有关资料，将备课内容的目标、重难点准确定位，同时在教法与学法上细细斟酌，在集体研讨前形成详案，详案的右侧要留有一条空白处，以便交流时做好记录。

4. 集体备课的具体要求是："三定""五统一"，同时注意搞好"五备"，钻透"五点"，优化"两法"，精选"两题"。

（1）三定：定单元集体备课课题，定中心发言人，定单元教学进度。

（2）五统一：统一单元教学目的，统一教学重点、难点，统一课时分配和进度，统一作业布置和三维训练，统一单元评价测试。

（3）五备：备课标，备教材，备教学手段，备教法，备学法。

（4）五点：重点、难点、知识点、能力点、教育点。

（5）两法：教师的教法和学生的学法。

（6）两题：课堂练习题和课后作业题。要把所有的习题统一答案。

5. 集体备课时，除中心发言人作主题发言外，其他教师也要积极参与，发表自己的教学设想并阐述理论依据，经过"争鸣"，形成比较一致的意见和实施教案。各位教师在这一教案的基础上，融入自己的教学风格，进行实施、总结和反思，最终形成对某一教学内容最优的教学设计。发言人的呈现形式可为板书、电子稿展示等。

五、教育计划编制

教育计划目标的设定并不意味着目标的实现。目标的实现需要行动，行动总要选择一定的方案或手段。选择的前提是拟订出多种可以替代的行动方案。我们知道，教育的发展离不开资源的支持。从内容上讲，教育计划行动方案就是为了达到某一目标，把教育系统中的人力、物力、财力、时间、空间、信息等资源因素科学地、合理地组织起来，不同的组合就构成了不同的教育计划行动方案和实施方案。一个目标的实现，往往可以通过多种行动方案进行比较选择。这样看来，替代行动方案的数量与质量对最后方案的选择具有极大的影响。

（一）编制教育计划的步骤

通常，我们把教育计划看作是对教育发展的一个设计。这个设计具体由收集分析信息、设定目标、实施方案的拟定与选择、实施中的反馈与调整四个步骤所构成。

1. 信息的收集与分析

提供正确的信息或完整的资料是制订计划的前提。换句话讲，教育计划的制订必须建立在比较充分、可靠的信息收集的基础上。在此基础上了解教育从过去到现在的发展实态及倾向，正确进行现状分析并预测未来，为教育计划目标的设定与计划实施方案的拟定与选择提供依据。

与教育计划的编制有关的信息资料大体上可分为四大类，即教育系统内的信息（包括正规教育及在职训练等方面）、有关人口发展变化的信息、有关教育经费的信息及人力与就业的信息。

2. 计划目标的设定

在收集与分析信息的基础上，要确定计划目标。计划目标的确定，应该根据上级有关政策、任务和要求来进行。但这并不等于说计划目标的确定可以完全不顾事实前提，相反，合理可行的计划目标必须建立在一定的相关事实的基础上。因此，教育计划目标是依据上级部门有关教育的政策、任务和要求，结合教育发展的实际情况而设定的。

3. 拟定与选择计划草案

教育计划是学校教育的一个组成部分。计划管理就是用计划来组织、指挥、监督和协调学校各项工作和各项活动的一种管理制度和方法。上级布置的任务与本校实际情况相结合，学校领导的要求与各职能部门、各教研组、各班班主任的要求协调一致，教师的要求能从实际出发，并且化为学生的自觉要求，这就要认真学习并且正确领会上级指示的精神实质，同时对下面的实际情况、基本经验、主要问题，进行研究，了如指掌。

教育计划草案的拟定与选择应要求明确，措施具体；有的放矢，重点突出；安排好工作程序。同时教育计划要有近期计划和远景计划，应远近结合，统筹安排。教务主任如能联系本校实际，创造性地运用这些方法，而不是生搬硬套，订出的教育计划就比较切实可行，实行科学管理也就有了基础。

4. 计划实施中的反馈与调整

经过拟定后的教育计划草案，学校领导经过调查研究，确定该计划的合理部分，并推荐一些学校的成功做法。教师应根据上级的决定，做出相应的个人计划，并呈报教务主任审批。

教务主任审批时应注意以下几个问题：

（1）要对具体情况作具体分析，防止主观武断。

（2）走群众路线，做到兼听则明。

（3）坚持民主集中制，坚决反对"一言堂""家长制"。

（4）没有调查就没有发言权。

（5）处理新情况、新问题要及时和上级请示、沟通，防止自作主张、不懂装懂而弄巧成拙。

（6）处理校内需要改革问题，要坚持一切经过试验的原则，防止形式主义。

（7）处理蕴藏性强的问题，影响较大的问题，如奖惩问题、体制问题等，首先要加强组织性和纪律性，制订严格、科学、符合实际的事实报告，报请有关领导后，方可实施。

（8）留有余地，不要过分。教务主任审批后反馈给教师，及时做出相应的变革，把矛盾和问题解决于萌芽状态。一旦获得通过，那么教师就应积极准备，按照教育计划的要求调整，制订各项实施计划，并付诸实施。这样，学校领导和教职工才能有节奏地互相配合进行工作，按照党的教育方针和教育部门的指示与规定，保质保量地完成各项任务。

（二）编制教育计划的方法

社会需求法是把教育的社会需求，作为教育发展计划的参照条件。所谓教育的社会需求有两重含义：其一是指基于社会中的个人及家庭本身的价值观念及发展取向，而产生的对各级各类教育的需求；其二是指为获得社会的发展与进步，今后各级各类教育应如何举办与改革。前者是以社会大众的爱好取向来计划教育的发展，其理论基础是人人皆有受教育的权利，而公共教育事业的发展应充分保障和实现国民的这种权利。后者是从社会发展的角度来规划教育事业的发展，其理论基础是教育的根本功能之一，即服务于社会发展目标的实现，推动社会的全面发展。社会需求法认为教育计划（特别是国家、地区的教育计划）一方面要考虑到大众的教育需求，另一方面要立足于社会发展的需要，二者应统筹兼顾，但并非平分秋色，从教育的社会功能来讲，应以后者为重点。

六、教材的编选

教材的好坏直接影响着教学质量的高低，从而影响着学校培养人的素质。因此，学校要把教材的选编看成是课程建设的重要环节。教材的编写步骤如下：

1. 研究有关的课程标准和教学计划，明确对有关学科的要求。

2. 研究古今中外有关学科的教材，以作为参考借鉴。

3. 了解教材适用的年级学生已有心理、生理和知识准备程度。

4. 按照课程标准的要求，教师要选择适当的教材。

5. 在编写的过程中，不仅要考虑传授知识的问题，还要顾及学生能力，开发智力问题，更要注意到教材的思想教育价值。

6. 考虑采用或绘制适当的插图，安排实习或实验作业，提供进一步思考的线索。

七、校历的制订

校历是学校学年或学期工作计划进程表的简称，它是学校管理计划中重要活动的顺序和时间安排，是学校学年或学期工作计划的总体缩写和具体化，是学校实施计划管理总的调度表。

1. 校历编制的一般要求

（1）要体现学校工作的特点。以教学为主，全盘考虑，统一安排，突出重点。（2）要有严格的时间性。校历具有较强的时间性，因此，其编排最好在开学前就完成，并及时向有关部门及师生公布，严格按此实行。（3）要有严肃性。校历一经公布，除重大特殊情况，一般不得轻易变动。

2. 校历编制的一般步骤

首先，确定两个学期的起始时间。我国现行学制规定的学年是秋始夏终。学年共52周，分两个学期：第一学期秋季开学，春节前结束；第二学期春季开学，升学考试前结束。其次，按周期排出年、月、日的具体日历表。再次，按划分的学期时限，确定寒暑假的时间。最后，编排出每个学期的周次进程表，即每学期的总周数。一般中小学安排20个教学周。

八、公开课的组织

（一）正确导向，保证公开课的真实性

为什么会出现上公开课弄虚作假的情况呢？

首先，从学校管理工作的导向看，由于许多地区把教师公开课和职称评定密切结合起来，有的学校还把上公开课和评先获奖、立功结合起来，这些政策导向有积极的一面，即引导教师去积极上好公开课，但是也出现了为上公开课而上公开课，为获得优秀课例证而上课的倾向。

其次，从学校领导指导思想上看，有些公开课是教师代表学校为兄弟学校上的公开课，学校领导怕丢学校的面子，于是有意无意地暗示执教者"做准备""搞花样"。

再次，从执教者本身看，由于上公开课心里没底比较紧张，心理压力大，怕出丑，于是反复排练，充分准备。

最后，从导课上看，应该说有些虚假课完全是导出来的。有些领导，有些教研员给教师导课，完全脱离执教者自身的实际，强行让执教者去采用他们的"路子"。因为执教者无法驾驭这种方法，只能是照葫芦画瓢去搞"花式品种"，所以这样的课也是假的。

鉴于上述情况，学校必须对公开课进行正确导向，保证公开课的实用性。

1. 淡化公开课的评价意识，强化交流作用。评价教师的教学水平要着眼于平时教学，而不能简单用一两节公开课来确定。不要把"公开课""大奖赛"之类的东西搞得太多、太滥。

2. 改进评课方法，看课根本是看实效，看教师的教学个性和创新，而不是看表面形式。

3. 杜绝弄虚作假现象的发生。引导教师实事求是地对待自己的课，对那些因花样翻新，而排练出来的假课，决不能提倡和表扬。

（二）科学组织公开课

上公开课是学校教学常规工作中的一项。学校应该把它当作一件大事来抓好。必要时教务主任与教研组长要参与备课、试讲和听课，帮助教师提高业务水平。

一次公开课的好坏，取决于教师的准备工作是否充分，尤其那种做典型示范和推广经验的公开课必须要认真做好准备。当然做准备并不是要去弄虚作假。通常要做好这样几项工作：

1. 制订计划，选好题目

学校、教研组应根据自己的实际情况制订出既有指导意义，又有一定研究价值和系统性的公开课计划。如何活跃课堂气氛，如何启发学生思考，如何进行精讲巧练设计，如何进行学习方法指导，如何创设教学情境等，可围绕这些内容制订计划。

2. 认真备课，优化教学设计

主讲教师和教学内容确定后，应要求大家深入钻研教材，仔细考虑这次课的教学目的和可采用的教学方法。在大家分头备课的基础上，再组织集体讨论，具体研究这次公开课的有关问题，讨论时要充分听取主讲教师谈准备情况，说明教学设计目的、观点的依据和教学的基本思路等。然后大家加以补充、完善。在集体讨论的基础上，主讲教师应写好教案，并在上课前印好，发给参加听课的人使用。

3. 试讲

公开课的试讲也是必要的，但一般不能在同一班级，可在不上公开课的班级进行。

（三）让大家都来上公开课

公开课不应局限于学校中的少数人，应该让大多数的教师都有上公开课的机会，让大多数教师能上公开课，就是不分老教师与青年教师，不分主科与副科，使全校教师"八仙过海，各显其能"，以增强教师的参与意识和竞争意识，使全体教师的教学能力得到提高。

让全体教师都参加公开课。校长、教务主任可不参加确定所授课节，不检查教案，不定调子，教案确定之后不搞试讲。只要是自己认为能够代表自己教学水平的公开课即可。每个教师都认真选定自己认为最有特色和最有把握的"拿手戏"给大家看。学校根据自报的时间，安排全校教师"观摩"。根据具体情况，有些科目要争取听完授课全程，然后学校领导和教师采取多种形式对授课教师所教的课进行认真评议。教学方法上要鼓励"百家争鸣"，教风上鼓励"百花齐放"。

（四）组织研讨交流

公开课上完后应认真组织研讨和交流。通常应先由主讲人对教学目的的提出、重点难点的确定、教学方法的选择和教学过程的构想做个介绍，而后听课者做认真的评议。公开课组织者要善于组织引导大家充分发扬民主精神。要善于发现闪光点，及时总结交流。对一些一时统一不了、争论不休的问题可暂不定论，让大家进一步研究。对于有的教师在教学中存在的薄弱环节，应坦诚而恰当地给予帮助，促进共同提高。

九、公开课的评估

因为评课具有导向作用，尤其是在对课堂教学进行宏观管理过程中，经常通过一定规范的公开课教学评价活动，为教学指明方向，使之不断得到改进和提高。因此对于典型公开课的评价一定要准确，真正发挥公开课的正确导向作用。通常，典型公开课有这样几种评估类型。

（一）专题研究课的评估

专题研究课重在对教学问题的研究。因此，授课者和评课者都要从研究的角度来上课和评课。

1. 明确所研究的问题

为了集中一点，突破所研究的问题，对授课者和评课者来说，都要十分明确所研究的问题是什么和研究此问题的意义是什么。

2. 创设宽松的研究气氛

既然是研究课就要努力创设一种探讨切磋问题的气氛。通常在讨论问题时主持人不要过早下结论，要充分发扬民主，鼓励大家充分发表自己的见解，允许不同意见的争论。对授课者的积极性应注意保护，因为研究课有一定的风险性，不要把授课者搞得狼狈不堪。

3. 概括总结

在充分讨论的基础上，主持人要做归纳概括，把大家的认识整理加工使之系统化、理性化。如对问题的研究有了什么收获和进展；大家对问题的看法主要有几种，你认为哪一种有代表性或比较合理，根据是什么；有什么建议等等。这些问题皆应有理有据地分析清楚。

（二）示范课的评估

示范课重在示范，它要起到典型引路和榜样示范的作用。因此，对示范课的评价也要略高一些。

1. 明确示范内容

对于授课者和评课者来说都要明确本课示范什么，是专题示范，还是全课示范。如果是专题示范，那么是什么专题？是板书设计，还是练习设计？是导入设计，还是结课设计？其评价标准什么？如果是全课示范，其评价标准和方案是什么？等等。不管是专题还是全课都应有评课标准或细则。

2. 授课者发言

为了更好地把握示范课的精神实质，减少评课的盲目性，评课前应让授课者先介绍一下自己的教学指导思想和教学设计意图。

3. 听课者评估

听课者展开讨论，对本节课的优缺点，尤其是教学特点从不同的角度和侧面进行评价。

4. 总结概括

主持人应在最后做画龙点睛的概括总结，指出示范中哪些做法和思想值得学习和推广，应该怎样去学习借鉴。

(三) 评优课的评估

评优课虽然有多种类型，但大体有两种情况。

1. 绝对评优

即不定各等级名额，严格依据统一的评价标准或评价方案评出优秀课或分出等级。这类评优要求每一位评价者细致考查教学活动的全过程，做出有理有据的价值判断，然后在集体讨论的基础上确定评价结果。所评出的优秀课应是出类拔萃、堪为楷模的，否则不如空缺，以保证评优的严肃性。

2. 相对评优

即根据参评的情况，按一定的比例评出相应的等级。这类评优容易发生意见不一致的导向失误情况，需防止两个问题：一是以偏概全，只看突出的优点而忽略对全课的综合考查，二是置标准于不顾，草率分类。

评估课堂教学效果，主要从两方面来进行考查，即课堂上的及时反馈和课后的作业。课堂及时反馈，主要从学生的学习行为或情绪等因素上判断其效果。具体评估内容有：课堂上学生听课情绪是否表现出主动、关注、感兴趣、认真，学习积极性高；课堂气氛是否活跃、热烈，但又井然有序；课堂上学生的思维是否被调动，主动提出问题的人数及深度，回答教学提问的正确率。课堂练习或测验，主要从学生的课堂练习或课后作业的正确率来考查教学效果。若有可能，可对课堂教学进行及时检测，以判断教学达到预期目标的程度。

第二节　教务管理工作

一、教材、教学辅助资料的管理

教材、教学辅助资料是教师教学的重要工具，是实现教学手段现代化，提高教学质量的重要物质条件。教务主任如何科学地、规范地管理教材和教学辅助资料，最大限度地发挥其在教育教学中的作用，更好地为教学服务，也是一门学问。

（一）教材、教学辅助资料管理应遵循的原则

贯彻党的教育方针，落实教学计划，坚持以课堂教学为中心，必须有教材、教学辅助资料作保障。所谓"兵马未动，粮草先行""巧妇难为无米之炊"，都通俗地说明了这个简单的道理。因此，学校教材、教学辅助资料的管理应坚持以下原则：

1. 科学性原则。要按照客观规律办事，科学购置，科学分配，科学使用教材和教学辅助资料。

2. 整体性原则。教学资料的管理使用是学校工作的一个有机部分，当它的各项工作运转正常，学校就和谐前进、稳步发展；有一个环节出了问题，就会给学校造成影响，甚至带来混乱。因此，教学资料的管理工作与教学工作之间要默契配合。

（二）科学规范地管理教材、教学辅助资料

1. 教材、教学辅助资料的征订

教务处每学期初要认真做好教材、教学辅助资料的征订工作。教学

资料的订购与教学内容紧密结合，做到实用性强，价格合理。教务处要首先严把质量关、数量关，与总务处合作，做好教材的征订工作。

春秋两季日常教学所用教材，必须是经国家教育部或省教育厅审定的，根据上级教育部门的有关文件以及教研室的要求和新华书店提供的订单，经过学校领导或教务处审核，经批准方可向新华书店订购。

统一订给学生使用的教学辅助资料，必须是省教育厅或者市、区教育局审核同意征订的资料。

2. 教材和教学辅助资料的管理使用

教学资料，要着眼于用、着眼于管，使其物尽其用。一般要求既要有组织保证，又要有规章制度和相应的措施，使教学资料的管理科学化、规范化。一般在开学前准备好各种教学需用的教材和教学辅助资料，以便开学时所用。

教材、教学辅助资料要有专人保管，凡需借阅、借用教学资料者，按规定办理借阅、借用登记手续，用后归还到资料室。学校要建立借阅、借用、归还、赔偿制度。实行统一登记，归口分管、专管、兼管相结合的办法。要将教材、教学辅助资料的保管纳入教师的学期考核。

3. 教学资料的归档保存

教材、教学辅助资料必须及时归档，妥善保存。一般每学期期末应将本学期教材、教学辅助资料整理归档，可安排各年级各学科的组长协助教务处的专管人员把教学资料进行重新整理、筛选、归档。以教学资料利用价值的长短确定保存期。贵重教学资料，如光盘、录音带、课件等应设专柜保存，须防火、防窃、防潮、防消磁变质。

二、教师业务档案的管理

教师业务档案包括：简历（包括学历、业务简历、工龄、教龄、来校时间、文化业务进修成绩、职务及职称等）；每学期承担课程及工作量，学期工作考核成绩，奖惩情况等；学年（学期）教学工作计划及教学总结；书报刊发表的文章及论文；公开课、评优课、观摩课的教案及评课记录等。

三、教务统计工作和教育教学资料的归档

（一）教务统计内容

教务统计包括学生基本情况统计、考勤情况统计、各科成绩统计、学习负担与学习时间统计、升级与奖惩情况统计、学科竞赛成绩及获奖情况统计、教学计划完成情况统计等。

也就是说，教务主任要有统计分析和建立档案意识，每一次活动都要有方案，有计划，有步骤，有照片，有小结，及时归档，便于日后的资料查询。

（二）做好教育、教学资料的归档工作

应归档的教育、教学资料包括：教师教学进度表、教师教学进度和教学计划检查记录表、教师教学任务完成和质量情况记录表、教师任课情况一览表等；各教研室、科组教学研究活动记录；各阶段考试成绩表，质量分析情况；对图书、教材、教学仪器设备管理、检查、使用情况记录表；教学经验交流资料等。

第三节　中学教务管理研究方法

一、要把服务意识放在首位

培养人才是学校的基本任务，而教学工作的良好运行，则离不开教学教务管理的有效组织和协调。教务管理是一项基础性工作，其主要任务是在教学过程中发挥有效的组织、指挥、控制和协调的功能，包括根据一定的目标、程序、原则、方法，对教学资源、教学过程进行科学合理的规划等，以保证教学任务的顺利完成。教务管理水平的高低，在很大程度上反映了学校管理水平的整体状况，也从侧面映射出学校教学水平的高低。

而教务管理水平的高低，则是受多方面因素的制约和影响。其中，

教务主任的素质便是一个极其重要的因素。教务主任要不断地提高自己的素质，与时俱进，才能使整个教务系统畅通无阻，各种教学资源得到充分利用，这样，教师可以更好地完成教学任务，学生可以获得更多的知识。因此，一个优秀的教务主任应当具备良好的政治素质、道德修养和过硬的业务素质。同时，还需要树立强烈的服务意识。

（一）如何提高教务管理人员的服务意识

1. 加强教务管理人员对服务意识重要性的认识。人的行为具有主观能动性，一切的行为都受思想认识所支配。作为服务于一线的教务管理人员来说，要全心全意地投入到基层工作中，就必须首先树立较强的服务意识。只有我们每个人真正从思想上树立了无怨无悔地为基层服务的意识，才能把服务做得更细致，工作做得更到位。

2. 领导应重视教务管理队伍的建设。目前学校突出重视的是教师和学生的主体地位，对教师的人才引进很重视，但对教务管理人员的引进却有点滞后。实质上，为了适应新形势，提高教务管理水平，提高教学质量，各学校应从办学大局出发，充分认识教学管理和研究工作的重要意义，给教务管理工作以科学的定位。学校要加大对教务管理的投资，对过时的教务管理系统及时更新，这样才能适应现代化教务管理，从而减轻教务管理人员繁重的劳动。学校各级领导还要主动关心和解决他们在工作、学习和生活中的困难，对他们的政治待遇、职称评定、职务安排都要按照政策给予妥善解决，给他们提供一个公平、公正、公开的竞争舞台和发展机遇，鼓励他们以更大的热情做好本职工作。

3. 教务管理人员要加强自身的业务能力，更好地服务于基层工作。过硬的业务能力是提高服务的首要条件。这里所说的服务本领就包括与开放教育发展相应的业务知识和能力。没有过硬的服务本领就谈不上服务，更谈不上为广大师生提供优质的服务。所以，学校教务管理人员应具备组织管理协调能力，应具备开拓创新能力、信息技术的应用能力等。

简而言之，随着社会的发展与进步，对人才的要求越来越高，学校所担负的责任也越来越重。学校教务管理人员作为学校的一员，应当充分认识到服务在管理中的重要性，并不断地提高自己的服务意识，这样才能提高教务管理水平，更好地为教学工作服务，培养出合格人才。

（二）积极调动教师的积极性

学校管理面临着许多难题，探讨并提出解决这些难题的策略是理论工作者义不容辞的责任。在这诸多难题当中，一个令人关注的方面就是，怎样才能有效地调动广大教职员工的积极性，使他们总能进取向上、精神饱满地投入工作。

1. 目标激励是调动教职员工积极性的一个行之有效的办法

目标是人活动的一种目的和理想。这种目的和理想是由人们的需要所规定的，它反映着人们争取达到某种意想结果的标准、规格和状态。目标是鼓舞人们努力工作的一种有效的刺激因素，只要目标设置得恰当、科学，就能起到诱发需要和动机，规定行为的作用。在心理学中，目标被称之为诱因。由诱因诱发需要和动机，再由动机达成目标的过程即是激励过程，也就是调动人的积极性的过程。在学校管理过程中，目标激励就是指学校领导者通过设置明确、具体和切实可行的目标，从而起到引导教职员工的思想、统一行动、协调人际关系和强化责任感的功能。

开展目标激励，有如下问题要引起学校领导者的高度重视：

一是目标要明确，不能含糊，要有可操作性。在学校管理活动中所制定的工作目标，有的可能与根本的办学方向有关，有的可能是在层层分解后为某个具体岗位的人所确立的具体任务。这些目标都是教育目标系统中的一个有机构成部分。在这个整体的教育目标系统当中，目标一旦与某一课程、某一具体活动、某一活生生的人相联系时，就必须具体化，具有可操作性。否则，目标就难以发挥激励的作用。

二是要允许并鼓励教职员工参与目标的制定工作。在制定学校工作目标时，一定要高度重视教职员工的有关意见和要求，要尽可能地把目标相关人员吸引到目标的制定活动中来。只有和教职员工同心协力、共同讨论和决定，目标才有可能发挥指引方向、规范行为的作用。教职员工参与目标的制定这一特点要求必须牢牢确立"管理即是服务"的观点，从根本上摒弃"领导说了算"的不良领导行为。

三是所设置的教育目标要有适当的难度，并注意在实施目标的过程中发挥目标的反馈功能。保证目标具有一定的难度，这一点至关重要。心理学研究表明，成就动机和自我实现需要越强烈的人，就越喜欢从事具有较大难度的挑战性工作。这一结论与客观事实也是非常吻合的。在现实生活中，大部分人都倾向于选择一些有一定难度的工作。对于一些特别容易和重复的事务，很容易厌烦。在教育教学活动中，我们也经常看到，让学生做一些已经弄懂的重复性练习，常使他们感到索然乏味，甚至痛苦不堪。不过，问题的另一方面也是值得我们注意的，即目标难到何种程度才算难？这个问题如处理不当，就会破坏目标的激励功能。期望理论认为，目标既要有难度，又要使人觉得有战胜困难，达成目标的可能。否则，目标过难，令人可望不可即，就会失去其应有的作用。目标的难度应放在人们可以达到但又必须付出努力才能获得的范围之内。

在学校管理活动中，对目标的实现程度不断地进行反馈，也能起到激发积极性的良好作用。目标反馈不仅有助于教职员工了解其工作的进展状况，也有助于他们发现目前工作中存在的问题，发现薄弱环节，以便及时地制定对策，予以纠正。当然，目标激励法也不是灵丹妙药。由于目标的设置工作通常要花费大量的人力、财力和时间，在具体的管理情境中，有些目标又难以具体化，所设置的目标也可能束缚人们的手脚，限制人们的创造性，因而使得目标激励具有了一些自身不可避免的缺点和不足。对此，学校领导者应有清醒认识。

2. 物质激励和精神激励双管齐下，是调动教职员工积极性的必然要求

人的需要是多方面的、多层次的，是相互交叉和融合的。有些心理学家把人的需要分为生理的需要、安全的需要、归属与爱的需要、尊重的需要、自我实现的需要这样五个层次，尽管人们在需要的种类和层次等方面存在着不同意见，但是，这些众多的需要大致都可归结为物质需要和精神需要两个大的类别。像生理的需要、安全的需要、生存的需要主要就是物质需要，而像尊重的需要、归属与爱的需要就是精神需要。从满足人的物质需要和精神需要出发，激励方法也理所当然地可划分为物质激励和精神激励这样两个大的类型。

在学校管理活动中，物质激励和精神激励孰重孰轻？这是一个常常引起人们激烈争论的话题。有人认为，当前的教职员工的生活水平还较低，物质待遇不高，物质激励显然比精神激励具有更为重要的现实意义。也有人不同意这种意见，认为物质激励不是万能的，尤其是对于具有安贫乐道、甘于清贫的优良传统的中国知识分子而言更不是万能的。坚持精神激励为主是由知识分子的心理特点、教师的职业特征以及激励效果的自身特性所综合决定的。

物质激励和精神激励根本就不是一个孰轻孰重的问题，而是一个两者都很重要、不可偏废的大问题。尤其是在我们这样一个国家，目前还处在社会主义初级阶段，人们的物质需求和精神需求都还要求得到更进一步的满足。在这种背景下，强调物质激励和精神激励双管齐下，就可能更准确地把握事物的本质，因而具有更重要的价值。

只有把物质激励和精神激励两者有机地结合起来，综合地加以同步实施，才能取得最大的激励效果。只有当物质激励与精神激励都处于高值时，才有可能获得最大的激励力量。两个维度中只要有一个维度处于低值，就不能产生最大、最佳的激励力量。同步激励法即是我们所说的物质激励和精神激励双管齐下的一个简要的最好的表述。这

种方法与单纯物质激励法是有本质性差异的。它也不是物质激励和精神激励的简单拼凑和相加，而是一种有机的综合和融合。

在我国现阶段的学校管理工作中，实施同步激励是有非常深厚的现实基础的。有人认为，当前我国教师在以下方面的需要较为强烈：一是希望个人才能得到发挥和发展，二是提高专业知识和业务能力，三是提高社会地位，四是改善物质生活条件。俞文钊教授在研究我国教育系统中的激励问题时也发现，教育管理活动中的各种激励大致可归为七大类：个人成长进步、领导行为、工作本身性质、报酬、人际关系、学校政策、个人问题。其中，既有物质需要方面的因素，也有精神需要方面的因素。由此，我们认为，实施同步激励，就成为学校领导者调动广大教职员工积极性的一个内在的必然要求。

3. 情感激励是调动教职员工积极性的润滑剂

情感激励，有人将其称之为关心激励。这种激励不是以物质利益或精神理想为刺激工具，而是通过建立起一种人与人之间的和谐的良好的感情关系，来调动工作积极性的一种激励方法。情感激励是一种人情味很浓的管理方法。这种方法的最大特点就在于关心人、爱护人、帮助人、尊重人，使被管理者处处感到自己受到重视和尊重。情感激励在教育系统具有非常广泛的应用价值。这是因为，教育系统是一个知识密集、文化层次相对较高的社会系统。广大教职员工对于尊重的需要、关心的需要就更为强烈。要调动他们的工作积极性，激发其工作热情，离开情感激励是难以达到其目的的。

在我国当前的学校管理活动中，重规章制度建设，轻情感激励的弊端比较突出。衡量学校领导者工作好坏的标准，主要不是看开了几个会，制定了多少文件和制度，而是"要特别注意调动教育工作者的积极性。"在学校管理活动中，实施情感激励，需要学校领导者做许多踏踏实实的具体工作，要把教职员工的生活福利和需要时刻放在心上，及时了解他们的各个方面的情况，并努力创造条件加以解决。

4. 奖惩激励是调动教职员工积极性的制度保证

奖惩激励是学校管理活动中的一种常用的激励方法。像表扬、赞赏、晋级和批评、处分、开除这样一些项目分别就是奖励和惩罚的一些常见形式。

我们在讨论情感激励问题时，曾对"唯制度化"的管理倾向进行了批评。但这丝毫也不意味着，制度化管理、科学管理在学校管理活动中就无存在之必要了。实际上，一定的规章制度是日常的学校管理活动所不可缺少的。俗语说，"没有规矩，不成方圆"。在学校管理活动中，没有一定的规章制度，学校工作就会变得一团混乱。奖惩激励就是学校领导者依据学校和有关部门所制定的各种科学、合理的规章制度，对教职员工的思想和行为所做出的一种积极肯定和鼓励或否定和批评、制止和反对，从而有效地调动教职员工的工作积极性的一种管理方法。

奖惩激励之所以重要并受到学校领导者的青睐，这是由它具有调动教职员工的工作积极性这一属性决定的。无数的客观事实告诉我们，只要奖惩应用得当，就能发挥很大的激励效应。然而，奖惩又不是必然会提高人们的积极性的。一旦应用失当，就可能引发人们心理上的不满和怨恨，以及行为上的消极对抗，从而损坏奖惩的激励功能。为防止发生这种负面作用，学校领导者在运用奖惩激励时，必须注意这样两个基本问题：

一是要注意奖惩激励的时效性。奖惩的激励效应是与奖惩是否及时有密切联系的。行为修正激励理论告诉我们，只有将行为的结果及时反馈给个人并给予奖惩，行为才能在客观上起到激励的作用。否则，就不能产生激励效果。二是要注意把握奖惩的度。学校领导者在运用奖惩激励法时应谨慎小心，要特别注意奖惩是否适度这个问题。恰当的奖励，应使受奖者觉得受之无愧，教职员工觉得受奖者真正值得奖励。同样，惩罚的轻重也要与不良行为的性质及其危害程度相当。轻描淡写不对，从重从快也不行。前者难以引起教职员工的心理反应，是无效惩罚；后者惩罚过重，容易引发人们对受罚者的同情，导致教职员工的逆反行为，收不到激励之效。

（三）处理好教师的心理挫折

教师在工作和生活中并不总是一帆风顺的。当遇到困难和矛盾时，容易产生心理挫折，导致情绪低落，影响工作积极性。积极性是一种心理能动状态的表现，这种能动的品质表现在具体事物上还是很复杂的。它可能是积极的，即导致正效果的；也可能是消极的，导致负效果的；它可能是强大的，也可能是微弱的；可能是持续的，也可能是间断的。应努力发挥教师的那种起正效果的、适度的、持久的积极性。

1. 教师的挫折感通常在以下情况中产生

（1）当理想与现实发生冲突时对社会认识过分理想化时，一旦见到丑恶现象或不公平的现实，则容易感到失望。

（2）成就需要强烈，而成功的可能性不大时，或教师对自己的要求超出个人的能力或环境所允许的条件，或学校对教师提出的要求过高造成过重压力，都会产生强烈的不安和失败感。

（3）当教师面临多种角色期待，而这些期待之间互相矛盾和冲突。比如一位教师既是学生的老师，又是家庭的负担者，二种角色的要求发生矛盾时，会使教师产生挫折感。

（4）工作中的失落感、疏远感。当教师对所在组织和人群缺乏归属感，人际关系不佳，或工作环境恶劣而个人无能为力时，都会产生这种感觉。

面临挫折和冲突，不同心理素质的教师会做出不同的反应，有的人可能面对现实，积极想办法去解决，有的人可能产生一些摆脱挫折困扰的心理防卫，以消除和减轻焦虑状态。这些心理防卫机制有：合理化、改变目标、暂时转移注意中心、压抑、投射、文饰、逃避和自居。前三种反应属积极性的，而后几种则表现消极，长期存在会形成不良的心理品质。

2. 如何帮助教师消除遭受挫折后的不良情绪或不佳表现

首先，要正确认识和理解教师的挫折及表现。教师受挫的不良表现不同于正常状态下的种种表现，这时他们的反应带有情绪，需要加以帮助和引导，而绝不能疏远或打击。对受挫者的不佳表现要满腔热情地给予帮助，创造解决问题的气氛。

其次，创造条件让受挫者将情绪释放出来。可以通过私下交谈，让他们诉说自己的不满，可以通过开会让其当众表达，也可以暂时回避让其发泄。

再次，针对受挫原因，改善受挫者的处境。尽可能消除那些引起挫折和冲突的因素。

最主要的是要对教师进行思想教育，引导他们树立正确的世界观、人生观，让他们正确对待挫折，培养不畏困难、百折不挠、乐观进取的精神。

（四）做好教师的后勤工作

随着知识经济和信息化时代的到来，由国际竞争引发的人才竞争日趋激烈。而人才竞争的实质体现在人的素质上。彻底转变教育观念，从应试教育的轨道转向全面实施素质教育，是中小学教育的一次根本性的变革。作为学校的后勤工作部门，充分体现自己的功能，优化组织结构，提高人员素质，改善服务质量，提高管理水平，确立后勤工作的创新意识，适应学校的发展，全面促进素质教育，是教务处和后勤部门的同志亟须考虑的事情。在促进学校素质教育、推动学校发展的过程中，学校的后勤工作应体现如下功能：

1. 学校后勤工作是学校一切工作的基础。高质量的学校，高素质的人才培养离不开扎实优良的后勤服务。现代化的教学硬件设施、优美的校园环境、高质量的服务和科学的管理是全面实施素质教育的基础。对学校来说，后勤的每一项工作，每一个岗位都是基础工程的一环，有了扎实的基础，实施素质教育才成为可能。

2. 后勤工作应为学校全面实施素质教育提供物质保障，为教师生活、健体、医疗提供物质和服务保障。后勤保障不足或保障滞后，学校的正常教育教学工作将受到影响。对学校来说，后勤保障具有牵一发而动全身的功能。除了显而易见的物质保障作用之外，通过后勤工作人员的良好服务和热忱的工作态度，也为教师提供了无形的情感保障。

3. 众所周知，办任何事都要讲究经济性，讲究效益。对于一所学校来说，提高办学质量，其中也包括办学的经济性、经济效益。当然，首先要考虑的是提高社会效益。但是如果经济性功能未能很好体现，办学的经济效益差，设施设备、人员等教育资源未能有效利用，后勤工作岗位配置不合理，人员素质差，人浮于事，低质服务，将直接影响到学校的素质教育，影响到社会效益。要充分发挥经济性功能，首先要明确目标，坚持以人为本、育人为本的原则，坚持以经济效益服从并服务于社会效益的原则，否则将是本末倒置；其次要掌握市场信息。

二、要有全方位的教学理念

未来社会发展的速度远超过历史上任何时期，人类文化知识、科学技术的发展成加速趋势，知识经济时代对人们的要求不仅是掌握知识，而且更要求人们去创造知识。青少年学生将面临的是一个不断变化的社会，教育要适应时代的要求，为社会发展服务，教育工作者就要有全新的教学理念，多方位培养学生，使学生具备发展意识和能力，以及面对社会敢于挑战的态度。

（一）以人为本的理念

党的十六届三中全会提出：坚持以人为本，树立科学的发展观。落实到教育领域，则要求学校的所有工作，必须做到"三个一切"，即一切为了学生、为了一切学生、为了学生的一切。想学生之所想，急学生之所急，帮学生之所需。全面贯彻国家教育方针，全面推进素质教育。另外，还应做到以教师为本，关心、尊重教师，尽可能帮助教师解决工作、生活上的困难，为教师的发展搭建平台。以人为本的教育，是新课程改革中重要的理念之一。这就是把教育和人的幸福联系起来，和人的自由联系起来，和人的尊严联系起来，和人的终极价值联系起来；使教育真正成为人的教育，而不是机器的教育；使教育不只是人获得生存技能的一种途径，而且还能成为提升人的需要层次、丰富人的精神世界的一种方法。

未来社会对人才的要求是多规格的：强调人的开拓进取、不断创新精神，高尚的道德品质和对人类的责任感，较强的适应能力和解决问题能力等。由此可见，我们要与时俱进，树立全面发展的人才观，以人为本，有效地培养多规格多类型的具有开拓精神、有创造力，踏实肯干，在事业上不断有所进展、有所突破的人才。

（二）教育教学的民主理念

心理学研究表明，人只有处于一种平等、宽松的交流与互动中，思维才容易被激活，思维与思维的碰撞，才容易迸发出智慧的火花。因此，要培养学生的创新精神和实践能力，教师必须摒弃"师道尊严"，从而建立起新型的师生关系，即在学业上的指导关系，在人格上的平等关系和情感上的朋友关系。民主是现代课程中的重要理念。民主最直接的体现是在课程实施中学生能够平等地参与。没有主体参与，只有被动接受，就没有民主可言。相反，如果没有民主，学生的参与就不是主体性参与，而是被动、消极的参与。

在课程进行中，教师应放弃外在性权威，努力形成以知识素养与人格魅力为内容，以与人为善、和蔼可亲为外部特征的内在性权威，与学生平等相待，这样才能形成有利于学生主体参与的人际关系氛围。每个学生都能主动参与教学，实际体现了学生与教师之间、学生与学生之间的平等关系。平等参与主要体现两方面：一是学生与教师是平等的；二是学生与学生是平等的。只有在这种状态下，学生的潜能才能得以发挥，灵性才能得以舒展。

（三）自主、探究、合作的学习理念

这个新理念倡导的学习方式，是积极主动、发现探究、合作交流的现代学习方式，它以其主动性、独立性、独特性、体验性、问题性为基本特征。新课程中的研究性学习课程，就是为引导、促进学生学习方式转变而开设的，但学生学习方式的转变，要靠教师观念的更新和积极的引导。自主、探究学习的最佳途径是由学生自己去发现，因为这种发现理解最深，也最容易掌握其中的规律、性质、联系。

在整个教学过程中，教师准确地设定每节课的教学目标，精心设计每节课的教学情境和教学程序，使学生讨论、探究，适时而恰当地协调学生之间的激烈争论，及时而准确地对学生的学习活动和学习效果予以评估及对课堂上所有活动的全面组织。学生在这种合作教学形式下，变被动为主动，互相解答问题，交流学习结果，讨论问题，促使学生主动思考，发表意见，主动参与教学活动，课堂上没有强行灌输，创造了学生主动发展的环境。

（四）人人可成才的理念

人人可成才理念要求教师在教学过程中，要善于发现学生的智力优势和潜能，不失时机地加以引导、激励和开发，让学生的个性得以张扬，特长得以发挥。坚信每个学生都有学习的潜力，尊重差异，尊重多样性，尊重创造性。注重培养学生的独立性和自主性，使学生在教师的引导下主动地富有个性地学习。教师还应该尊重学生的人格，关注个别差异，满足不同学生的学习需要，创设能引导学生主动参与的教学环境，激发学生的学习积极性，决不能用文化考试成绩一把尺子来衡量学生，更不应对这方面后进的学生采取讽刺、挖苦和歧视的态度，何况他们并不一定真的难以造就，要善待每一个学生，真正视其人人可成才，个个能成功。

学生在读书阶段所学的知识，虽然在未来生活中应用的比例并不是很大，但这一阶段中所获得的思维方式、创新意识却是不可多得的影响人的一生发展的基础，因此我们在课堂教学上要十分重视学生这方面的培养和创新思维方式的形成，鼓励学生有创意地学习，为学生创设探索、质疑、想象等发展环境，让学生体验科学的精神和科学的方法，使每个学生都能得到发展。

（五）教即导的理念

教师是课堂教学的组织者、参与者、合作者、指导者、督促者，教学的功夫主要体现在一个"导"字上，或指导，或启导，或引导，或疏导，举一反三。善于调动学生的学习动力，激发学生的学习兴趣；善于教给学生各种学习方法，教是为了不教；善于结合教材培养学生各种思维能力，如求异思维、发散思维、辩证思维、逆向思维；善于处理预设与生成的关系，即保障教学不偏离教学目标，又不挫伤学生的积极性，循循善诱。教师作为组织者，一是积极旁听。学生在自主观察、实验或讨论时，教师要积极地看，积极地听，设身处地地感受学生的所作所为，所思所想，随时掌握教学中的各种情况，设想下一步如何组织、指导学生学习。二是给学生创设自主、探究、合作的空间，给学生心理上的支柱。三是注意培养学生的自觉、自律能力，指导学生形成良好的学习习惯，掌握学习策略。四是建立人道的、和谐的、民主的、平等的师生关系，为学生提供各种便利，为学生学习服务。

（六）学生发展、教师提高的双赢理念

新理念强调教师不仅要"放电"，更要"充电"，不仅是教材的使用者，而且是教材的开发者和建设者。教师通过对新课程的研究、探索，观念及时得到更新，知识视野不断扩展，知识结构逐步完善，教学不仅要使学生得到发展，而且要让教师得到提高，从而实现互动共进的双赢局面。教师完全可以根据学生的情况来处理教材。教材只是书面的东西，而且所载的信息是有限的。因此，教师要创造性使用教材，教师要融入自己的科学精神和智慧，对教材知识进行重组和整合，选取更好的内容对教材深加工，设计出活生生的、丰富多彩的课来，充分有效地将教材的知识激活，形成教师教学个性的教材知识。

学生在学习过程中，通过自主探究、合作学习，对某一知识进行感受，带着自己独特的感受，来到课堂进行交流，这本身就是课堂建设。不同个体从不同的角度切入，所以容易形成经验共享，达成理解的丰富性、合理性。在这一过程，每个学生都会受到启发，对知识进行重新思考，从中得到发展。就是在引导学生过程中，也得到全面的提高。

（七）创新的理念

创新是一个民族的灵魂。培养学生的创新意识和创新能力，已经成为学校教育的一个重要课题。然而以往过多的听话教育、成人思维规范学生思维，扼杀了学生的奇思妙想，已经在很大程度上抑制了学生创造性的发挥。为此，在进行评价机制改革的同时，学校应努力开展创新教育，积极探索各学科的创新教育模式。以语文教学为例，无论是在阅读教学还是写作教学或是在课堂问题的设置上，都力求鼓励学生各有其新、各有其异，并能"持之有故、言之成理"，鼓励学生对自己瞬间所萌发的奇思妙想进行大胆表述、认真求证。在日常教学过程中，教师努力创设情景，为学生提供创新和实践的时空，对于老师课堂的一个提问，学生的答案可能会有十几种甚至更多已经是司空见惯的事情；另外，教师还应充分发挥课堂评价在课堂教学过程中的激励、导向作用，在质疑中肯定学生的奇思妙想，在语言文字训练中保护学生的奇思妙想，在课文整体把握上刺激学生的奇思妙想，从而不断激发起学生的创新意识。

（八）多元评价的理念

我们倡导多元评价，评价的目的是为了发展。如对学生的评价，主体不局限于教师，学生可以自评、互评，家长、社会也可以参与其中；评价手段，不局限于闭卷笔试，可以开卷考试，可以面试答辩，还可以进行情景测试。此外，学生的成长记录袋，也是评价学生的重要依据。新课程理念下的评价系统强调参与与互动，自评与他评相结合，实现评价主体的互动性，即被评价者从被动接受评价逐步转化为主动参与评价，一改以往以管理者为主的单一评价主体的现象。

新课程的教师是发展中的教师，是进行适应和调整的不断追求的人，是有着独立价值和尊严的人。对教师评价必须适应并促进教师角色的转变，树立促进角色成长的评价观。这意味着角色评价必须改变以往评价者高高在上的姿态，从对教师冷冰冰的审视和裁判转向对教师的关注和关怀；从指令性的要求转向协商和讨论式的沟通和交流；从教师被动接受检查转向多主体参与的互动过程。

（九）开放的教学理念

教育，不能脱离社会、脱离实践，必须紧跟时代，贴近学生的学习、生活，符合其生理和心理特点。鉴于以往教育教学局限于课堂、局限于教材、局限于校园的弊端，新理念提倡开放的教学，即在时间和空间上，不再把学生 24 小时关在学校，实行所谓的封闭管理，而是给学生一定的时间走向社会。社区服务和社会实践、劳动与技术等课程的开设，为学生走出校门参与社会实践提供了条件。在教学上，内容不囿于本学科，强调学科与学科间的互相渗透。在测试上，命题不拘泥于教材，答案不唯一，鼓励学生发表独创性的见解。

学生个体在社会大环境中不断适应社会，最终成长为社会一员，积极投身和贡献于社会，实现个体的社会化。在个体社会化的过程中，学生以学校学习为主要途径，吸收社会文化，掌握立足于社会所必备的知识、技能和行为规范，不断增强适应社会发展的能力和素质，积极作用于社会，促进和推动社会的进步和发展。

进入 21 世纪后每个人都面临着信息化、市场化、世界化、教育现代化四大趋势的挑战。不仅从人才质量规格上，而且从教育内容、方法、手段等方面都提出了新的要求，每位教育工作者都面临着把握新的质量标准，掌握新的方法手段，学习先进的教育思想，转化落后的教学行为。这样，教育工作者就必须学习全新教学理念，学习创新理论，学习模式理论，学习范例，不断总结教学改革经验，在学习总结过程中，提炼升华，使之符合教学规律。通过不断学习，促进各方面综合素质和能力的提高。

三、建立科学的教学管理制度

建立科学的、具有一定约束力和强制性的教学管理制度和量化评定制度，是减轻负担、提高质量的保证。

（一）教学检查量化评定制度

对教学管理过程主要环节的及时检查，比期末算总账更能发挥管理功能。怎样提高这些环节的工作质量呢？学校可采用检查量化评定的方法。量化评定，指标明确，区分度高。

备课检查量化评定，分为四项、三级。四项为"教学目的与重难点"，权重25分；"教学过程"，权重25分；"教学方法"，权重30分；"格式与书写"，权重20分。每一项又区分为好、中、差三级，每一级确定不同指标和权重，用"备课检查量化评定"检查教师备课，鲜明地区别开教师备课程度的量、权。为了提高备课质量，教研组长两周检查一次教师教案，并报教务处。

"学生作业检查量化评定"，分为三项：作业量，权重为30分；批改，权重为30分；智力性作业，权重40分。每一项又分为好、中、差三级，每一级又确定评定标准和权重。

备课和作业量化评定的方法，开始是采取群众与领导相结合，后来改为以领导检查为主，每学期进行一、二次，形成制度。检查评定后，对教师及时进行总结、表扬、批评。同时，排列出A、B、C三个档次，记入《教师工作能级量化评定表》内。

教学科学化管理不仅提高备课、课堂教学、作业等单项工作质量，还要善于把单项工作评定综合纳入对教师整体工作的评价上。因此，学校可制定"教师工作能级量化评定"。"评定"分为"德、能、勤、责、绩"五部分，各部分都规定明确的指标和权重。综合各项权重成为对教师总评价的分值。对教师能级量化评定，每学期进行一次，和奖金挂钩，已形成制度固定下来。通过对教学主要环节的检查量化评定和对教师整体工作的量化评定，增强了教师减轻学生过重负担、提高教学质量的意识和效果。

（二）课堂教学量化评定制度

加强课堂教学量化评定，是向课堂 45 分钟要质量、要效率的有效管理措施。

"课堂教学量化评定"可分为四项："教材与重难点"，权重 25 分；"教法与学法"权重 30 分；"教学效果"，权重 25 分；"教态、语言、板书"，权重 20 分。每一项又分为好、中、差三级。例如"教法与学法"一项，好级指标：教学方法有较大改革，学生学得主动，积极性高；教师启发、引导、总结得好，权重为 20～30 分。差级指标：教学方法比较陈旧，教师包办代替较多，没有调动起学生的学习积极性，权重为 10 分。

通过教师的评议、量化，由领导评定、统计、排列出"好、中、差"名单，向全校公布。这个评定结果是群众公认的，可作为"教师工作量化评定"的依据，不仅有导向作用，也对全校教师教学水平有了公平的区分度，从而促进教师奋进的竞争意识。

"课堂教学量化评定"有局限性，不可能每一节课都进行评定，为了提高课堂 45 分钟教学质量，可在少数班级进行"课堂教学即时反馈系统"实验。对其他学科，要求教师每节课都要安排 5 分钟时间进行实际效果验收检查，或让学生小结收获，做到即时反馈检查，以利提高学生的吸收率。

（三）教学质量分析制度

教学质量分析是教学管理的基本方法。教学质量分析是在检查掌握数据资料信息的基础上，通过质量分析，发现教学质量变化动态，找出强点和弱点，并采取措施，提高质量。

1. 教师对教学质量分析。为了把好单元质量关，单元测验后，教师分析，同科教师研究，总结成绩，弥补缺欠。同时，将单元分档成绩和后进生名单填在校长室的《目标检测表》内。期末试卷要详细分析，试卷分析表和教学成绩作为"教师工作能级量化评定"的一项因素，并装入教师业务工作档案。

2. 学生对学习质量分析。学生进行单元测验后，进行自我质量分析，肯定成绩，制定补救措施，并记在单元质量分析本上。

3. 领导对管理质量分析。分"工作质量"和"知识质量"进行分析。领导者对教师的备课，课堂教学、作业设计及批改、教研等工作，逐个检查分析。每学期做一两次工作分析报告。校领导通过学生座谈、试卷分析、单元抽测、成绩统计等，进行知识质量分析，并在全校教师会上总结，公布各学科和教师个人的进展情况，推广先进经验。

四、严格成绩考核制度

教学成绩考核应按教学工作计划实施，并有严格的考核措施。除单元考核由学科组掌握实施并将成绩报校长室外，期中基本能力考核和期末考试，均由学校命题、印卷；任课教师不监本班考场，学生单人分桌考试；密封试卷，教师流水阅卷；语文、数学的评分标准答案由学校统一制定，各年级严格执行。阅卷完毕由阅卷教师互查，然后由教务处阅审合格后拆卷统计成绩。这样，就保证了试卷水平的适度和成绩的可信度。

五、控制作业质量制度

提高教学质量，不是靠加重学生过重负担。严格控制作业量，引导教师把精力移到提高课堂45分钟教学效率上。为此,学校应规定作业的质量要求和强化监督措施。

(一)作业量和质的要求:在量上,要求学生要尽量在校内能完成,家庭作业不得超过上级部门规定的时间。在质上,规定少量机械重复性作业,多留益于启发智力、典型性强的作业,做到质高量适,全批全改。

(二)强化监督措施

1. 领导监督:校领导经常深入各年级组了解学生作业量和完成情况,检查是否拖堂和有没有加班加点等情况,每周公布一次检查结果。定期召开学生座谈会,听取他们对教师讲课、留作业等方面的意见,发现教学质量问题,及时解决。

2. 学生监督:期中组织学生评教;年终校长听取教代会代表的意见,综合来自各方面的意见,改革教学管理工作。

3. 教师监督:发动教职员参加学校工作计划的制订和期末进行"双评"(评学校工作、评领导干部);对教师中存在的问题,通过每月生活会开展批评与自我批评解决。

4. 家长监督:定期给学生家长发信,征求他们对教学质量及学生负担的意见;设校长信箱,征求家长和学生的意见;通过家长委员会监督学校的工作。

第三章 教学检查工作

第一节 教学检查的意义和作用

教学检查指的是依据一定的教学管理目标与教学规范要求，对具体的教学情况进行相应的检测与考察，对具体的教学情况进行相应的检测与考察，鉴定和评价其教学目标与教学效果的实现情况，以便采取相应的措施更好地改进教学的管理活动。

一、教学检查的意义

教学检查作为学校教学管理的一种重要手段与方法，具有十分重要的意义。

（一）教学检查有利于教学情况的改进与教学质量的提高

教学检查的目的是为了摸清教学的实际情况，以便改进教学，提高教学质量。通过教学检查，教学主管部门可以具体了解当前的教学实际，及时发现教学中存在的问题，以便及时采取必要的措施与补救方法，确保一定的教学目的与教学目标的实现。同时，教学检查的经常性开展，不仅有利于检查部门全面、系统地了解教学实际，把握教学方向，切实提高教学质量与教学水平，而且有利于激发广大教师努力按着一定的教学规范要求去认真地改进教学的积极性，扎扎实实地开展教学工作。这在一定程度上也促进了教学情况的改进与教学质量的提高。

（二）教学检查有利于教育方针与教育目标的贯彻执行

教学工作必须要认真贯彻执行一定的教育目标，为整个民族的科学文化素质的提高而努力。一定的教育方针与教育目标的制定，体现的是整个民族的利益，关系到国家的繁荣昌盛。教学工作必须要在民族利益的大局下，切实贯彻、落实好一定的教育方针与教育目标，不为眼前的利益所动，不被单纯地追求升学率的现象所迷惑。要经常适时地开展相应的教学检查，可以及时发现具体的教学工作中可能出现的某些具体问题，对偏离或不符合既定的教育方针与教育目标的现象予以及时的纠正与调整，以保证一定的教育方针与教育目标的切实落实与认真执行。如果缺少这种必要的检查措施，对某些地方的教学中极可能出现的一味单纯地追求升学率的现象便不能很好地予以纠正，导致教学只为部分学生的升学，忽视走向社会的部分受教育者的基本能力的培养，会造成具体教学与相应的教育方针和教育目标的错位与失调。

（三）教学检查有利于做出相应的、关于教学发展的决策

教学检查的目的，是要为一定的教学发展的决策提供必要的信息与依据。通过教学检查，不但可以进一步分析研究，找到当前教学实际中存在的某些需要解决的问题及其症结，以便于对症下药，相应地做出某些有关教学的决策，保证教学活动的良性循环与教学水平的不断提高。

二、教学检查的作用

教学检查的目的是要提高教学质量，它是构成教学管理的重要环节。教学检查的作用，主要有以下几方面：

（一）监测作用

一定形式的教学检查活动，对具体的教学情况具有一定的监督与测试作用。首先，通过教学检查可以了解、掌握教师的课堂教学执行计划情况，看其是否按计划执行、执行到何种程度，以及检查情况与预定目标接近程度。这些情况的检查、了解与掌握，对于保证教学计划与教学目标的实现，具有十分积极的督导作用。同时，对于教学检查的主持者来说，教学检查还具有测度管理水平高低的作用。通过开展多种形式的教学检查活动，一方面可以衡量教学计划现阶段决策的正确性与预见性的高低，另一方面也可以衡量教学计划实行阶段各种

教学控制措施的有效性的高低。

（二）引导作用

教学检查是提高教学质量的最终目的，决定了一定标准下的教学检查目的与教学检查指标的引导，可以使参与教学活动的有关人员明确一定的教育、教学方向，了解并掌握工作。同时，还可以通过教学检查过程的不断反馈与调节，促使学校工作和教学管理工作逐步接近具体的教学目标与管理目标，以便使教学质量和管理效率能得到不断的提高，从而进一步地对学校的教学工作和管理工作起到积极的作用。

（三）鉴别作用

通过教学检查可以得出某一具体的教学情况的优劣高低的实践标准，得出某一被检查对象与另一检查对象之间的优劣高低的比较情况，从而分清高下，品评出教学情况的档次与品位，为一定的教学评选与科研支持等情况提供相应的可靠依据。

（四）促进作用

教学检查的意义正在于它促进教学的实际作用。教学检查的过程，实际上就是对具体教学情况的信息反馈的过程。有关部门可以从教学检查中发现问题，及时督导教学人员积极改进教学，以促使教学进步以及教学水平的切实提高。同时，被检查人员可以通过发现自身教学情况的某些不足，找到奋进的方向，促使他们积极探索改进教学；被检查人员还可以从教学检查的总结中，受到被褒奖的鼓舞或需要更加努力奋进的激励，也促使其更进一步通过自己的教学努力，更好地总结经验，找到差距，并相应地改进自己的教学，自觉地沿着不断提高教学质量的方向努力。

三、教学检查的主要内容

教学检查应包括以下几方面：

（一）教学态度检查

教学态度检查，指的是关于教师对其所从事的教学活动本身的认识及所表现出来的行为态度的检查。

（二）教学方法检查

教学方法检查，主要是指对教师为完成一定的教学任务所采取的授课方法的检查。教学方法是教学效果的生命，一定的教学方法作为一定的教学效果获得的必不可少的重要手段，对它的检查，主要应从教师授课中的讲授、谈话、演示、实验、读书指导、讨论、参观、练习等方面进行。

（三）演示方法检查

演示是向学生展示有关实物和教具，给学生做示范实验，使学生在观察中获得感性知识的方法。它的作用在于使学生把理论知识与实际事物联系起来，形成概念。同时，也能激发学生的学习兴趣，培养其观察能力。

（四）实验方法检查

实验方法检查主要检查学生在教师的指导下，是如何利用一定的教学仪器设备进行某种操作，获得直接知识的方法。

（五）读书指导法检查

读书指导法检查是指对教师指导学生通过阅读书籍获取知识、提高思想文化水平的方法的检查。培养学生自觉的读书能力，学会如何学习，是教师的神圣职责。一个优秀教师的教学，其高明之处并不在于如何传授给学生一些知识，关键在于怎么教给学生读书学习的方法。好的学习方法不但能使学生掌握知识，提高水平，而且也开阔学生的视野。

（六）讨论方法检查

讨论方法检查是对教师教学方法检查中的一项重要的检查内容，教学讨论一般都是由教师提出问题并组织学生进行讨论，发表各自不同的看法或意见，然后再由教师对讨论进行必要的总结，从而加深学生对讨论内容的进一步认识与理解。通过对教学讨论方法的检查，可以透视出教师教学方法的运用情况。

（七）参观法检查

根据教学的具体需要，有时要求教师根据一定的教学目的组织学生接触实际的教学参观。所谓的参观法检查，即指对这种教学方法的检查。

（八）教学计划检查

计划是行动的纲要。教学计划是维系学校教学工作有条不紊地正常进行的中枢命脉，是教学检查中的重点内容之一。

（九）教学进度检查

教学进度情况是教学计划的具体体现，对它的检查有助于教学管理人员了解教学计划与实际教学情况的吻合程度。一方面，可以通过教学进度的检查，纠正实际教学中可能存在的脱离既定的教学计划情况，以便及时采取相应的补救措施；另一方面，通过对教学进度的实际检查，也可以弥补教学计划中可能出现的某些脱离实际教学的问题，以便及时修正或调整相应的教学计划中不合理的因素。

（十）教学效果检查

教学效果是教学的生命。教师的教学，从备课到上课，都要考虑教学效果问题。对教学效果的检查，主要可以从它所直接影响的学生的学习质量上得到反映。

第二节　教学检查的一般过程

一、教学检查的组织准备

教学检查的组织准备，是开展教学检查工作过程的第一阶段。这一阶段的组织准备情况如何，将直接影响到下一阶段的检查工作。因此，为了保证教学检查工作的顺利进行，取得理想的预期效果，教学检查的组织者必须重视教学检查的准备工作。教学检查的组织准备，主要包括以下内容和步骤：

（一）教学检查工作的专家小组组成

专家小组的成员要由主管教学工作的负责领导、教务专家及有经验的一线教师等组成。专家小组的成员必须具有较高的政治思想水平与专业技术水平，襟怀坦白，无私坦荡，有相当的组织、设计、管理教学工作的能力。专家小组成员的挑选，一般由教学检查的组织部门直接抽调，也可以由下级教学工作的具体部门直接推荐。专家小组的成员不宜过多，以精干、务实为准则。

（二）选择教学检查的对象及方法

专家小组成立之后，教学检查的准备工作即转入对检查对象的选择与检查方法的选用上。教学检查的对象的选择，主要是确定针对哪些教学过程内容进行检查，需要何人参与，何人作为被检查对象等。为了更快更好地选择确定教学检查对象，首先要明确教学检查要达到什么样的目的。目的明确了，对象也就随之相应明确下来了。如果是主要为了对教师的工作进行检查，那么教学检查的主要对象当然是教师；如果是主要为了检查教学效果情况，那么教学检查的主要对象就不能仅仅是教师一方面，更重要的是对学生学习情况及成绩的检查，这时，学生便成为教学检查中必不可少的、重要的检查对象。教学检查在对象选择上，要保持目的、内容和涉及到的人员的和谐统一。

（三）制订教学检查方案或具体目标计划

教学检查需要有目的、有计划、有步骤地展开进行，需要有一个具体可行的检查标准与规范要求。教学检查的方案必须要为整个教学检查活动提供必要的步骤内容与相应的实施计划措施。教学检查方案需要明确检查的目的、方法、内容、参与者、组织者、检查计划、检查的标准，以及开展教学检查需要或可能动用什么样的人力、物力、财力等，方案初步制定之后，还要根据具体的实际情况，组织有关人员或下发到基层进行必要的讨论，倾听群众的意见，然后再对方案作必要的修订与修改，使教学检查方案真正地建立在客观、公正、合理、能够正确反映出教学实际的切实可行的基础上。

二、教学检查的展开实施

教学检查的展开实施阶段，是教学检查工作的重要阶段。它的进展情况如何，将直接影响到教学检查结果的决策与分析。教学检查的展开实施的具体步骤内容主要体现在以下几方面：

（一）具体实施教学检查的计划，获取教学情况信息。教学检查的目的是要对教学情况作出相应的决策，以推动教学。因此，如何按检查计划获取必要的教学情况信息，便成为实现一定的教学检查目的重要步骤与方法内容。通常来说，教学检查的面越广、重点内容越深入，所获取的教学情况信息就越多、越真实，其意义与作用也就越大。教学情况信息的获取要注意采取一定的正常渠道，不能任意离开既定的方案、计划要求的内容，不分青红皂白，不分主流枝节，用道听途说的方法来获取。教学情况信息的获取，可以灵活采用各种检查方法。

（二）对所获取的教学情况信息进行初步的归纳整理。通过各种渠道获取的教学检查情况信息，往往是千差万别，必须要进行适当的梳理与统计，分门别类地加以整理。处理这些教学检查信息资料，必须要具有科学的分析、管理意识，充分运用教育统计学的有关内容及方法，还可以运用现代信息的处理手段（如计算机）来帮助处理具体的教学检查信息资料，进行归纳整理。由于具体的教学过程中许多教学内容与现象无法运用"非此即彼"的检查方法去进行检查与检测，有时还应运用模糊数学的方法去处理一些教学检查的重要信息。教学检查可以据此分析，得出某些基本结论。

教学检查的实施阶段，必须要注意某些具体的问题，以便更好地开展教学检查工作。取得客观真实的教学检查效果，并在此基础上进行行之有效的分析。要进行行之有效的检查，应注意如下几个问题：第一，灵活运用各种检查方式，获取足够的信息，掌握全面而真实的情况。情况不全，分析就要受到局限；情况失真，分析必然不能中肯、恰当。因此，教学管理人员应当深入到教职工和学生中去，获取第一手材料。通过间接的方式，譬如听取汇报、看书面材料来获取信息，这固然重要，但仅仅满足于或停留在这种状态之中，往往难免会产生这样或那样的偏差。要更好地分析教学质量，就必须听课，看学生作业，查一查教师备课情况，收集反映学生成绩的各种数据；要更好地分析教师队伍的思想状况，就必须找教师谈心，参加教研组的政治学习活动，了解有关人员的各种表现。总之，教学管理人员只有亲自掌握大量的和典型的事实材料，拥有确切而完整的统计数据，才能为行之有效的分析打下坚实的基础。第二，要看工作成果，更要着眼于工作过程，避免以偏概全。第三，要充分认识到检查不是教学工作的终结，必须把分析原因与研究措施联系起来。

第三节　教学检查范例

本部分教学检查范例精选了部分有关教学检查范例，供具体开展教学检查时参考。在具体教学检查中，可以根据具体的需要酌情进行增减。

例一　某地区教育主管部门教学检查纲要

（一）教学检查的目的和重点

教学检查的目的和重点主要有以下几方面：

1. 研究解决各级教育部门和学校领导如何进一步树立以教学为中心、全面提高教育质量的思想，如何把主要精力放在教学上，切实加强对教学工作的领导。

2. 总结领导教学的新经验，研究教学领导中带倾向性的问题，端正办学思想，采取措施，全面提高教学质量。

3. 研究如何按照教育规律管理学校、组织教学、提高课堂教学质量，使教学工作的组织领导逐步做到规范化、制度化、经常化和科学化。

（二）教学检查内容

教学检查的内容主要有这样几种：

1. 领导干部抓教学情况。

（1）抓教学工作的领导力量安排怎样，主要领导干部和抓教学的领导干部有多少精力放在教学上，抓了哪些工作，有什么经验，还存在什么问题。

（2）目前领导干部主要领导什么，怎样领导，如何正确领导，有什么经验和问题，现在是否克服了违反党的教育方针政策和教育规律的错误做法。

（3）领导干部是否深入教学，参加了多少教学活动（如听课、备课、兼课和各项教研活动），主要研究和解决了哪些问题，效果如何。

（4）抓了什么典型，总结推广了哪些经验，作用如何。

2. 执行教学计划情况。

（1）各科教学是否按教学计划的规定执行，增减课程情况如何，有无擅自停课、漏课情况，教学进度怎样，存在什么薄弱环节。

（2）学生作息时间、劳动和其他活动安排情况如何，学生节假日是否得到保证。

（3）对新开课的准备工作如何，包括教材研究、准备情况、教师新课准备情况、开课条件。

3. 各科教学情况。

（1）教研组、年级备课组是否健全，有无工作计划，开展了什么活动，作用如何。

（2）认真备课情况怎样，有什么经验和问题，还有哪些方面需要进一步改正。

（3）课堂教学有什么要求，教学方法有何改进，教学是否做到在讲清基础知识的同时，又积极培养了学生分析问题和解决问题的能力，是否积极发展了学生的智力。

（4）各科教学是否把思想教育寓于教学之中，教学运行情况如何，有些什么经验和问题。

（5）面向全体学生做的怎样，课内外采取什么措施，有什么经验，还存在什么问题。

（6）作业负担重不重，作业量多少，批改情况如何。

（7）考试方法怎样，次数多少，质量如何，还存在着哪些问题，还有什么需要进一步改进和加强的地方。

（8）课外活动安排怎样，是否需要重新调整、改善。具体的改进措施如何。

（9）理化生等实验课教学情况怎样，有什么地方需要改进。

4. 教师情况。

（1）学校任课教师人数，大学本科、专科、中专、高中毕业的各多少，各占教师总数的百分比。

（2）教师中起骨干作用的有多少，在各科、各年级中分布情况怎样。对教师的文化业务提高有无全面规划，采取哪些形式，效果如何，有什么经验。

（3）目前教师的思想状况如何，有什么倾向问题，在做好思想政治工作、调动教师积极性方面，有何经验和问题。

5. 学生的学习情况。

（1）学生的思想、学习方法、学习习惯、学习风气、自学能力怎样，有什么好的典型，当前还存在什么问题。

（2）及格率多少，各科及格人数多少，不及格人数多少，最差的到什么程度。

（3）学生学习质量提高情况怎样。

（4）三好学生、优秀学生干部增长情况，有什么好的典型，还存在着什么样的问题。

（三）教学检查的方法步骤

教学检查工作一般应采取听、看、谈的方法。所谓的听，指的是听取教学工作情况汇报，深入课堂听课；所谓看，就是查阅有关教学工作计划、总结和资料，看授课情况和课外活动开展情况，看实验室和实验课情况等；所谓谈，就是座谈、调查，分别召开教师和学生座谈会，以了解教学情况。必要情况下，还可以相应地召开学生家长会，广泛地听取家长们的意见和建议。同时，深入到教研组和班级个别交谈，也是获取大量一手材料的重要方法。在听、看、谈的基础上，汇总情况，作出评价。然后再与被检查者交换意见，最后做出比较全面的教学工作检查总结。

例二　某学校教学检查细则

教学检查主要包括以下诸方面的内容要求：

（一）基本功的要求。基本功要求可以分为共性的基本功要求与个性的基本功要求两种。

1. 共性的基本功要求。各科共同的共性基本功主要包括两方面：语言与板书。

（1）讲述语言要求。讲述语言要规范、简练、准确、生动、形象，语言的科学性、逻辑性强，声音洪亮。

（2）板书要求。板书要求规范、工整，字体清楚、正确，不写繁体字。

2. 个性的基本功要求。这种个性要求是突出各门课程特点或重点的要求。一些课程的学科特别要求如下：

（1）政治课：概念必须准确、清楚。

（2）语文课：范读必须准确，字、词、句、章的讲解与分析必须准确，思路清晰。

（3）数学课：概念、板图、板演及推理论证必须准确，思路清晰。

（4）外语课：发音必须准确，读说必须熟练。

（5）物理课、化学课、生物课：必须能独立演示实验。

（6）历史课：必须熟悉重大历史事件及主要历史年表。

（7）地理课：必须熟悉基本的地理概貌，并能正确地掌握地图，准确绘图。

（8）体育课：示范动作必须要准确、熟练。

（9）音乐课：基本的乐理与乐器演奏必须熟练。

（10）美术课：基本的美术原理必须熟练。

（二）备课要求。备课是搞好教学的前提和重要保证，也是整个教学活动的至关重要的一环。备课主要的内容要求要包括备教材、备教法、备学生三个方面。

1. 备教材主要包括深入领会课程标准精神，研究教材的体系安排、知识范畴、知识要点、具体要求，明确重点、难点和教学关键内容。

2. 备教法是指在备好教材、确定课堂教学类型之后，研究、确定实施教学所采取的具体方法，如启发式、问答式等等。

3. 备学生是全部教学活动的主体。备学生，就要求施教者了解学生的知识现状，掌握具有共性的问题，并尽可能地逐一了解每个学生的个性、知识水平、接受能力、学习兴趣等，以便施教者能够有的放矢，因材施教。

教师除进行个人备课外，还必须进行集体备课。集体备课每周不得少于一次，并要认真做好集体备课笔记。集体备课主要是交流对教材、教法的分析情况，确定统一的单元目的要求、教学重点和难点，确定统一的单元练习及统一的单元进度，交流解决难点的办法。集体备课要达到集思广益、集体切磋、明确目标、统一要求的目的。

重点课、难点课要尽可能做到课前试讲。观察、演示或分组实验，课前要认真做好必要的准备。

（三）课堂教学要求。课堂教学是整个教学的核心内容和中心环节，其基本要求如下：

1. 不漏课。不经校长批准，任何人不得私自随意停课或占作他用，教师因故不能授课，要提前做好安排或交代。

2. 按时上下课。不迟到，上课前一分钟必须在教室前等待。不早退，不得随意提前下课或随意离开课堂。其他人也不允许随便进教室打断课堂教学。

3. 不拖堂，加强课堂教学的计划性。下课铃响后，应马上结束讲课，不侵占学生的课间休息时间。

4. 抓紧课堂45分钟，不做任何非教学活动，不讲与教学目的无关的问题。

5. 新课开始必须要有必要的复习，温故而知新。新课力求中心明确，重点突出。讲解要准确、清楚，难点透彻、清晰，深入浅出。精讲多练，新课要留有一定的巩固练习时间，当堂要解决的问题要当堂解决完毕。要由浅入深地启发学生，讲求实际效果。

6. 提问和练习，要求明确，教师要给学生准确的问题答案。

7. 提倡和鼓励教学工作的创新。凡积极进行改革试验者，提出方案不涉及其他学科的，经教务处同意即可试行；涉及其他学科或涉及学校其他方面的，经校长同意即可试行。

（四）作业设计和批改要求。作业是学生对所学知识进行巩固和加强的一种手段，是课堂教学的延续和深入。

1. 作业题目是根据教学目的、教学重点和学生实际拟定的，要研究作业题目的典型性，力求精练。

2. 作业要力争在课内完成一部分，另一部分布置在课外。教师要了解学生当天课业情况。

3. 作业批改要及时。一般要在下一堂课上课之前批改完毕，教师签字并注明时间。对其中具有共性的问题要及时讲评，个别学生的问题最好能个别讲评。

4. 教师批改一律用红笔，书写要工整，批语要通顺、严肃。批改要有鲜明的、统一的符号。

（五）课外辅导要求。课外辅导对学生巩固知识意义极大。

作为教学活动的重要环节，课外辅导的要求通常有如下几方面：

1. 课外辅导包括解答疑难问题和指导培养学生建立钻研兴趣，形成良好学习习惯与改进学习方法两个方面，侧重辅导学生怎样认真扎实地打好基础。

2. 教师在自习时间深入班级，指导预习、复习、作业和解答学生提出的疑难问题。对班级同学提出的共性问题，可以统一讲解，但不得超过 15 分钟。

3. 辅导时间在学生放学前，辅导主要在教室进行，不能集中在教研室。

4. 积极开展课外小组活动，举行各种形式的科学报告会、讲座、指导实验或课外阅读，组织参观访问，以拓展学生的知识领域，开阔视野，培养兴趣。活动要有利于学生在全面发展的基础上发展个人的特长，有利于脑力劳动和体力劳动的结合，有利于理论和实践统一，有利于开发智力，有利于培养自学能力，有利于培养学生独立工作能力。课外活动要贯彻因材施教、因地制宜、因时制宜的原则，课外活动与课堂教学相结合、与课外阅读活动和课外实践活动相结合的原则，注意增强学生的自己动手能力。

第四章　教辅工作管理

第一节　教学设备管理

　　教学设备是教学所需的各种设施和教学中所用到的各种物品的统称。教学设备管理所要做的工作内容是如何更好、充分地利用各种设施、物品，发挥其功效，为教学服务。小学的教学设备主要是教室、室内桌、椅、照明灯、黑板、体育教学器材、音乐课教学乐器等等；中学除小学所具备的各种教学设备外，还包括实验室设备、电化教育设备、课外科技活动设备等等；大专院校教学设备种类多，规模大，要求技术也较高，电化教育设备较齐全，有专门的语音室、视听室、近距离教学电台。

　　中学的教学设备由教务处负责管理一般称为教辅管理工作。教务处制订教学计划、排课、选用教材等都是根据本校所具有的教学设备情况进行的。教务处根据国家下达的课程标准和教学计划，向各组传达本校的教学任务，各组再根据教学任务去配置必要的教学设备。教学设备管理是学校教学管理工作中的一项重要内容，过去由于对教育重视不够，加之教育的发展缓慢，教育的手段、技术落后，许多应该利用教学设备辅助完成的教学只能由教师口授完成，教学效果不理想。随着社会的发展，科学技术在不断更新，学校是为社会培养人才的，如果教学的技术、手段不跟上科学技术发展的步伐，学校所培养的人才就不能适应社会的要求。以计算机技术为例，目前，计算机已普及于社会的各种科研、机关、厂矿等单位，一些数据处理、信息的存储、传送、报表的打印、办公室自动化等工作，都由计算机代替了人的手工操作。计算机属于技术性的设备，不仅要会操作，而且要会开发和利用其功能。

教学设备有利于教学，学校教学越来越离不开一些必要的教学设备，但在教学设备增多的情况下，又出现另一个问题，即管理工作水平低，阻碍设备的正常使用。教学设备的种类多，技术要求越来越高，对教师的素质要求也在不断提高，教师的主要工作是教学，不可能兼管各种设备的购置、保管、维修工作，需要有人专职做这项工作。这样一来，教学设备管理渐渐成为一项具有独立性的工作，虽然其工作任务是为教学服务，但工作的内容是和教学有区别的。以电化教学设备为例，教师主要关心如何能利用电化教学设备帮助自己更好地完成教学，教师只能将自己的一些想法转告电教人员，由电教人员去制作教材，设计各种教学图像，教师不可能去做具体的工作。渐渐地，教师和教学设备管理人员是一种协作的关系，管理人员在教学中同样起着不可忽视的作用，教师的一些教学任务离开了教学设备管理人员是不可能完成的。

教学设备管理是一项常规性工作，这是由设备的特点决定的。教务处等教学主管部门在作教学计划时，需要对全校的设备状况进行检查了解。设备需要经常检查和维修，有良好的运行环境和合格的管理人员，平时要保管好，调试好，上教学课时才能发挥作用。为保证教学设备能充分发挥作用，主管部门要责成管理人员制定一些必要的规章制定，建立各种责任制、考核制，使教学设备能为教学做贡献。

一、教学设备的种类

教学设备是学校教学的物质基础，随着社会的发展，科学技术的进步，社会对学校教学内容和形式的要求越来越高，教学设备的种类、性能、技术要求也在不断地变化。在这种形势下，一些学校的教学管理人员感到压力很大，一方面是自己对学校正常必备的教学设备种类不清楚，在教学安排中常常遇到因缺乏设备无法教学的情况，教师的意见很大；另一方面是由于教学经费紧张，短时间内不可能添置很多设备，但又不明确该购置什么设备。下面列出的是目前学校应该配备的教学设备，这些设备都是必需的：

1. 教室及室内的各种设施、设备。

2. 教师用的各种挂图、模型、实验器材。

3. 音乐、体育课教学设施和器材。

4. 图书馆、阅览室。

5. 课外活动室和科技小组活动室。

6. 教研组办公室。

7. 物理、化学、生物实验室。

8. 电化教育设备和电化教室。

9. 计算机教学教室。

以上列出的仅是一些大项，具体内容视实际情况而定。

二、教学设备的作用

教学设备辅助教学是现代教育的特点。传统的教学形式只注重教师在教学中的口授，强调学生学习书本知识。现代教学在培养学生的基本知识和技能的基础上，还强调加强动手能力的培养。提高教学质量，培养合格的毕业生是每个学校的办学宗旨，为达到教学目标，可以从不同的方面抓起，如学校的师资队伍，后勤、教学、管理和教学设备等等。学校是由不同部分结合起来的一个整体，提高教学质量要全面抓，系统做工作。在几方面工作中，教学设备的管理工作具有独特的地位，因为教学设备直接与教学有关。归纳起来，教学设备有以下几方面的作用：

（一）有利于教学内容的具体化、形象化

一些抽象的教学内容，必须用生动、形象的实例才能帮助学生理解。如太阳系的结构，地理教师如果用一个太阳系的结构模型作为辅助用具，学生就会一目了然。物理、化学、生物等学科中的一些内容，需要通过实验操作和经过自己的观察才能领会，缺乏必要的设备，实验课开不起来，势必影响教学效果。电化教学设备不仅能将教学内容具体化、形象化，还能突破时间、空间的限制，扩大教学规模，改变办学方式。

（二）有利于教师的工作

教学设备齐全，教师一方面可以少作一些口头上的解释，学生学得轻松，教师也负担少；另一方面教师在使用教学设备为自己的教学服务的过程中，也要不断提高自己，更新自己的知识。不通过使用教学设备，教师的教学风格容易形成一种固定的模式，过去怎么讲，现在就怎么讲，将来也这样讲。如果有教学设备辅助教学，由于设备在不断更新，教师的教学也在随着变化。教学设备是科学技术发展和社会进步在学校教学中的一种反映，教师在使用教学设备的过程中，不知不觉地在了解校园外的变化。

（三）有利于培养合格的人才

不论是什么学校，向学生传授的知识既要有书本知识，也要有一些基本的操作技术和技能。教学设备除帮助教师完成教学任务外，还有一项重要作用是给学生实践的机会。课本上讲授的一些物理的理论、化学的反应、生物的标本制作，如果不给学生一个亲自动手去做的实践机会，他们并不能真正掌握这些内容。而在今后的学习和工作中，操作仪器设备，进行实验是必不可少的基本功，因此，培养学生利用教学设备进行实践的能力是十分重要的。

（四）有利于学校的发展

教学质量是学校的生命线，学校的经费、受重视程度、地位、生源都与教学质量紧密相关。为了在竞争中取得优势，配备先进的教学设备是十分必要的。教学设备是教育科研成果与现代科学技术的结晶，有先进的教学设备，如同有几名经验丰富的老教师一样，对学校发展具有重要的促进作用。

（五）有利于教学改革

传统的教学形式有其合理的一面，但也存在缺点。任何事物，不可能一成不变，学校教学也一样，社会需要什么样的人才，学校就得在教学上有所改变，去适应社会的需求。传统教学是教师讲，学生听，然后记忆，不强调将知识用于实际和从实际的工作中检验知识的掌握情况。教学改革的一项内容就是将学生在学习中的被动地位转变为主动地位，让学生学习书本知识后，在实践中主动去理解、体会和解决问题，而在实践中所用到的各种设备就是教学设备。教学设备不仅是开展教学的必不可少的辅助设施，也是学校教学向前发展的物质基础。过去的教学只注重人的力量，只要有经验的教师就能把教学工作做好，而现在的教师离不开必要的教学设备，这是教学发展的必然趋势。

教学设备作为学校的教育工具，是学校的重要财产，是现代社会中学校赖以生存和发展的物质基础。教学设备的价值和作用只有通过使用才能体现出来，做好教学设备的保管、使用工作，同样是教学管理工作的一项内容，学校主管部门应看到这一项工作所具有的意义。

第二节　实验室管理

实验室是学校进行教学和科研的一个重要场地，随着现代化科学技术和教育科学的不断发展，教学的手段、内容都在不断更新，实验室建设发展到了一个新的阶段，新的问题不断出现，因此，研究和学习实验室管理学，不仅具有深刻的理论意义，而且具有重要的实践意义。过去由于学校管理工作不健全，人员缺乏，实验室的管理人员多半是年纪较大的退休教师或者是临时工，没有实验室管理知识，缺乏实验仪器设备的操作技能，实验室管理人员变成了实验设备保管员，由于人员素质低，实验室得不到很好地建设，原有的实验设备也不能很好地为教学服务。学校要搞好教学工作，抓好实验室管理工作是十分必要的。归纳起来看，实验室管理包括以下几个方面的内容：

1. 实验室在教学中的地位和作用

2. 实验室管理的体制和机构

3. 实验室的建设及其规划

4. 实验设备管理

5. 实验器材管理

6. 实验经费管理

7. 实验室环境管理

8. 实验室人员管理

9. 实验室使用管理

10. 实验室的检查和评比

11. 实验室规章制度的建立

从上述的内容中看出，实验室管理工作并不是一件简单的事。管理的目的是使实验室更好地为学校教学服务，这就要求在做管理工作时，应使有关人员都积极参与到管理工作中来。

就中学而言，由于缺乏专门的实验室管理人员和实验员，实验室往往由某一位教师主管，有时还另有一位保管员。学生上实验课时，任课教师提前准备，上完课又收拾，教师又教学又管理，由于时间精力不够，往往两方面的工作都做不好。实验室也仅仅是需要做实验时才整理一下，平时没有人管，实验设备没人维修保养，坏了没人负责修。时间一长，学生对实验的兴趣也由于实验室的混乱而降低，教师也不愿意多开实验课。有一些教师因为实验课难开展，干脆取消，这种做法对于教学的影响可能从学生的考试成绩上看不出来，但学生进入大学，开始专业课学习时，实验课的缺乏就会影响学生的学习。有些学校的教务领导在排课、教学检查时，没有意识到实验课的重要性，总认为抓好课堂教学就能搞好教学，这种想法是不可取的。学生学习是为获得知识、技能之后为社会服务，实验室是学生接触实际工作、锻炼工作能力的一个重要场所，缺乏这一项内容的学习，培养出来的学生往往适应不了实际工作的各种要求。

搞好实验室管理工作，必须抓住两个主要方面，一是做好人员的工作，要把人的因素放在第一位，重视发挥人的自觉性和主动性，实验室管理人员和实验技术人员能动性发挥的程度与管理效应成正比，人的能动性发挥的程度越高，管理的效益越大。二是做好实验室经费的筹集和使用工作。实验室经费不足是普遍存在的问题。学校每年都得从教育经费中拨出一笔资金给实验室，如果实验室管理工作做不好，没能很好地为教学服务，学校领导对实验室的重视可能会降低，拨给的资金相应减少。多数情况下，在实验室管理工作很受重视的学校里，实验室经费也是不充裕的，这种情况下要求经费使用有计划，有成效，节约使用。

中学的实验室管理工作由教务处主管，学校在检查实验室管理水平时，要检查实验室的利用率及为教学服务的情况。教务处从教学的角度抓住实验课的开展、检查和评比工作这几项主要内容，有利于促进全校有关人员做好实验室的管理工作。

第三节　多媒体教学管理

计算机是人类发展史中较晚也是很重要的一项发明，虽然只有几十年的历史。但已对人类和社会的各方面产生了巨大而深远的影响。

多媒体教学是计算机辅助教育（简称 CBE）的一个分支，又称机助教学，简称 CAI。它是利用计算机模拟人类的教学活动以达到一定教学目的的一种教学手段。具体讲，就是以计算机为媒介，通过存入计算机程序运行，来实现课堂教学、辅导答疑、实验仿真及测验、考试等教学活动。

一、多媒体教学的发展

多媒体教学的研究最早始于美国，到了 20 世纪 60 年代中后期，英国、法国、日本、加拿大等国陆续开始了这项试验。多媒体教学在国外的发展主要经历了两个阶段：

1. 20世纪60年代：CAI的发展受到斯金纳（B·F·Skinner）程序教学的强烈影响，多媒体教学常被看作是机器教学的发展。当时，多媒体教学的研制和发展主要集中在训练和练习、辅导、模拟和游戏、解决问题等方面，其中尤以个别学生的补课或复习辅导为主。

2. 20世纪70年代：CAI总的趋势是向大规模的通信网络发展。多媒体教学实行网络化，这一方面可以通过网络，使许多用户同时共用一台计算机；另一方面，可以使不同地区实现教学资源共享，以充分使用中央计算机及所存贮的资料。并且，在20世纪70年代由于计算机容量的扩大和软件系统的改进，策略上克服了60年代程序的某些缺点，不仅可以向学生提供教学程序，而且可以进行人机对话，能根据学生的学习情况选择提供适合于他的教学程序。

二、CAI的系统构成

CAI系统是一个有计算机、学生、教学软件作者和教师构成"人—机"系统。其中计算机是整个系统的核心部分，它的主要功能是：1.存储教学软件；2.向学生呈现信息、接收并判别应答，以及提供反馈信息；3.维护学习记录；4.提供教学软件开发的支持手段。

三、CAI的基本模式

CAI最初主要用于提供联机操练与练习，后来逐步发展到许多种教学模式。现在一般将CAI分成训练与实习、个别指导、对话、模拟、问题求解、游戏六种基本模式。在具体课程课程教学中，往往需要几种不同模式结合运用。

1. 训练：这是当前用得最多的CAI教学模式。这种模式是有计算机判断答案由学生键入自己的答案，然后计算机判断答案正确与否，正确则进入下一个问题，不正确则给予提示帮助并再给一次回答机会，或直接显示正确答案。这样通过让学生回答一组难度渐增的问题，以达到巩固所学知识和掌握基本技能的目的。这里训练和实习是有区别的，前者是一种联想性的学习活动，例如英语词汇的拼写训练，主要是锻炼学生解决问题的技能。

2. 个别指导：这种模式模拟个别化的讲授型教学情景，即利用计算机扮演讲课教师的角色。它将教学内容分成一系列教学单元，每一单元介绍一个概念或事实。首先计算机向学生呈现一小段教学内容，包括正文及有关例子，然后向学生提出有关问题，以便检验他的理解情况，如果回答正确，计算机将控制转入下一个单元，否则将转向相应的分支，采取适当的补救措施，帮助他成功地掌握当前的这一单元。

3. 会话教学：此模式的教学目的与个别指导相同，但允许学生与计算机进行比较自由的通信。一方面当计算机提问时，允许学生以自己的语言表达问题的解答，另一方面，允许学生主动提出与课题有关的问题。对话教学的模式有助于启发学生的积极思维，但在课件设计上比较困难，通常要运用人工智能的技术。

4. 模拟：模拟亦称仿真。计算机模拟是计算机模仿真实现象并加以控制。在教学中使用模拟是 CAI 目前主要的一种教学模式。由于它非常有利于培养学生解决问题的能力，克服许多开设真实实验的困难，因此，这一方法受到越来越广泛的重视。

5. 游戏：计算机用于教育目的的游戏分为娱乐游戏和教学游戏。娱乐游戏常用来帮助学习熟悉计算机操作。而教学游戏则是用计算机产生一种竞争性的学习环境，把科学性、趣味性和教育性兼于一体，能大大激发学习动机，起到"寓教于乐"的作用。

四、多媒体教学的特点

1. CAI 创造了一个适合个别教学、启发思维、灵活机动的学习环境，在一定范围内其教学效果优于班级集体授课。传统教学，用同一模式去传授知识，只能满足部分学生的智力水平和学习要求而产生的，而实际上学习对个别化学习要求越来越强烈。CAI则正是适应于个别教学要求，通过对不同学习者的各种不同的学习特征的周全考虑，CAI能使学习过程能适合于每一个学习者的思维特征的方式进行，对每个学生的学习作出特定的反应，并使每个学生都达到教学所规定的目标，提供学生的学习效果。

2. CAI可综合利用多种教学手段与设备，使教学形象、生动，有效地提供学生的学习兴趣。由于计算机具有图像处理、曲线逐点描绘，以及逐步具有的一定的人工智能的"思维"能力，CAI可以通过有趣的编程，将枯燥的内容变为形象生动的画面，图文并茂，促使学生积极思维并吸引学生的注意力，大大提高学生的学习兴趣。

3. CAI可使教、学、练三者融为一体，提高了教学效率，有助于"为掌握而进行教学"。典型的CAI是在学生与计算机之间的一系列交互活动中展开的，学生可以根据自己的水平，自行控制他的学习速度、学习难度，学生也可以直接反应自己的想法，技术发现问题，及时进行练习，计算机则会不厌其烦地指导，作出判断，及时予以强化。这样可以大大提高教学效果，激发学生的学习动机。

4. CAI可以降低教师劳动的重复性，充分利用优秀教师的教学经验，提高教学质量。

当然，对计算机CAI的效能必须做出实事求是的估计和评定。CAI的效果取决于教学软件的内容，要体现上述特点，需要人们在教学软件上花很大的功夫，需要经验丰富的教师、心理学家和程序员的共同努力。并且CAI的效果也取决于学习者控制程度和控制方式，需要进一步考虑到学习者人格特征因素的影响。

五、多媒体教学管理

多媒体提供给学习和教育几乎无限潜能，多媒体教学服务于教学，管理尤为重要。多媒体教学管理应遵守以下原则：

（一）教育功能原则

多媒体教学的建设，必须服务于教育目标，适应课程的设置，利于学科课程教学的进行、活动课程的开展，并为有关的社会教育活动提供适当而有效的场所与设备，以满足学校实施教育工作对多媒体功能的需要。

（二）功能协调原则

学校的多媒体教室与其他辅助教学的实验室、阅览室等要布局合理、联系方便、互不干扰，成为服务于教育功能的协调统一整体。在这个大前提下，多媒体教学既要照顾到发挥多媒体应有的自身应有的教育功能，做到多媒体自身的功能协调，又要与学校的其他辅助教学部分相互协调，使整个学校辅助教学部分成为协调统一的整体。同时多媒体教学和常规教学在功能上也密切相联，可以根据学科的不同要求设计不同多媒体课件、电影镜头等，使教师和学生都能在与常规教学密切相联的情景中和环境中从事教与学。

（三）安全保障原则

多媒体教室应能维护学生、教师及其他使用人员的安全、健康。多媒体教学应重视适应青少年的年龄特点，有利于他们身心的健康发展，保障学生的安全。可制定一些管理制度，例如：

1. 布局优化，减少设备故障

（1）大胆改造不合理布局。原来安装布置的远程设备，有许多地方不尽合理。对这些问题进行改造很有必要，这样有利于优化管理。

（2）对设备进行简捷有效的维修改造。当改造布局完成，卫星数据接收机显示器不能正常点亮。经过观察后发现，主机视频信号输出经视频分配器分配给显示器和电视机，其视频分配器电源指示灯不亮，原因是其开关质量较差而损坏。整套设备只要运行都要用到视频分配器，它应处于常通电状态。因此可采用了把开关去掉直接接通的办法，这一改造使视频分配器至今未再出现过问题。

（3）对室外设备进行防雨措施。经过一个雷雨天气的假期，卫星数据接收机无信号，经反复查找原因，发现天线系统上的高频头开裂，进水造成损坏，换新后恢复了信号。为了降低这一故障发生的机率，可找来一个透明且大小适当的饮料瓶，把一侧剪个口，从高频头上面往下套，这样可挡住雨水的侵蚀。每年检查更换一次，这样就能防止损坏高频头。

2. 用 Ghost 软件快速解决由于软件系统引起的故障

由于网络和移动硬盘的使用带有不安全因素，病毒等随时都有机会侵袭计算机输出，加上使用不当，经常会造成系统崩溃等软件故障，这就会影响数据接收和远程教育教学。为尽快恢复，可在软件安装完毕后，用 Ghost 镜像软件做一个备份，当出现上述故障时，可用 Ghost 恢复回来，这样就能减少因软件故障耽误接收资源及远程教育教学。

3. 设置卫星 IP 接收机的 IP 地址限制此机上网，减少病毒侵袭，精装必要软件，提高卫星接收机速度

卫星接收机的网上邻居属性中有两个网络连接，其中一个是接收卡的，另一个才是网卡的。可以把网卡的连接指定一个本局域网的 IP 地址和子网掩码两项，其他的不设，而且把本局域网设定到同一工作组。这样本校局域网内可共享资源，而不能访问外网既可减少病毒的侵袭，又可防止他人用此机上网。

精装必要软件，有利于提高运行整度。搞计算机的人都知道，应用软件装得越多，运行也就越慢，因此尽可能少装与接收数据无关的软件，可提高接收速度。经过这样安装的数据接收机，接收相同项目的内容，一般较以前至少少用1/3的时间。同样，多媒体机等都可进行软件精简。

4. 设置共享文件夹，实现卫星数据接收机与多媒体机的信息交换

远程教育资源接收下来后，一般要经过远程接收浏览器进行浏览，并通过下载其课件等，再转到多媒体教学机，通过投影仪再现达到教

育教学目标管理。这就需要通过移动设备来达到资源的转移。可在 IP 地址设定后，在卫星数据接收机上设定一个共享文件夹，把所下载的资源放到共享文件夹中，多媒体教学机可打开网上邻居找到共享文件夹来复制，这样可省去用移动设备转移资源的烦琐。

对于学生可以有如下要求：

1. 本校师生凭校园卡办理相关手续后方可入内，非本校人员谢绝入内。

2. 严禁学生上网访问不健康网站，或上机浏览自带的不健康光盘；严禁通过网络制作、复制和传播有害信息。一经发现，永久取消其在本室的学习资格，校内通报批评，通知所在班，教务处建议依据校规校纪给予相应处分。

3. 严禁在多媒体室玩电脑游戏（包括 QQ、网络游戏），接听手机、大声喧哗。

4. 每台机器只允许一个读者使用；严禁学生不划卡私自上机，一经发现处以罚款，视情节写检查或通报批评，直至取消阅览资格。

5. 学生应爱护多媒体室设备，耳机用毕放回原处，不得携带出室外，如有损坏照价赔偿，按章罚款。

6. 保持室内环境卫生，入室穿好鞋套，严禁在室内吸烟、吃东西、随地吐痰、乱扔杂物。发现吃食品，喝散装饮料，一律予以没收。

7. 学者应注意自身形象，严禁在阅览区内脚踏桌子、坐姿不正、两人同坐一张椅子等不文明行为。

8. 遇到特殊情况请服从工作人员指挥。

（四）经济实用原则

多媒体教学的设施购买、保养和使用，在保证教育功能原则下，应能促进学校的有效管理。方便教师学生使用，造价不宜太高，力求实用，应充分发挥其经济效能。所谓经济，并不是单纯减少投入，而应当以较少的投入而在教育上取得较大效果。所谓实用，是多媒体教学设施的建设，要方便实用。这样既经济实用又满足学校教育功能的需要，促进学校教学工作。

第四节　教学仪器管理

从内容上讲，既包括物理、化学、生物等理科器具，又包括语文、历史、地理等文科和劳动技术、音乐、美术、体育等教具，从教学仪器本身又可以分为一般仪器、专用仪器、模型、标本、挂图和电教器材等，涉及多种材料和多种工艺，也涉及许多的主管部门，所以说"教学仪器"本身是一个比较特殊的概念，准确、科学地给教学仪器下定义既是理论问题，又是实际管理分工问题，所以不是一件容易的事情。目前比较权威的并且为多数人所接受的表述是"具有教学特点，体现教学思想，主要在教学中使用的实物和模像直观教学器具"。

一、教学仪器与教学

凡是开展教学活动的地方都不同程度地使用教学仪器，教学仪器很重要，这已被越来越多的学校所认识。衡量一个学校的教学水平，首先看教师水平，还要看教学内容和仪器配备水平。实践表明凡是备有充足的仪器设备，并且运用得好的学校，教学水平也比较高，因此可以说，教学设备是提高教学质量的必要条件。教学仪器的重要性具有普遍的意义，不单单以实验为基础的物理、化学、生物需要教学仪器，基础教育中的语文、外语、历史、音乐、体育、美术、劳动技术教育课也离不开必要的教具，比如一堂语文课如果配上相应的情境挂图、诗文朗诵的录音、甚至情境课件，那么就会使学生亲临其境，收到更佳的效果。所以说教学仪器在教学中的地位和作用非常重要。

1. 教学仪器是学生掌握、理解知识的重要手段。自然科学是反应自然规律的科学，逻辑性强，客观存在性高，所以往往很抽象，假如教师单纯讲授，学生往往理解不深、掌握不牢，反之，结合相应的教具讲解或做演示实验，不但会激起学生的兴趣，而且会提高学习的效果。例如讲到地球有磁极，教师如何讲，学生也难以明白，用磁针来实验马上就能让学生清楚，而且还能判断出南北极；氢气和氧气混合后点燃会爆炸，只要实验一次，学生就能记得很牢；还有半透膜两边的渗透问题，更是复杂，学生往往等到做完实验后才能深刻理解。

2. 教学仪器是培养学生技能的重要工具。谚语"授人以鱼，只供一饭之需；教人以渔，终身受用无穷"生动地说明了技能的重要性，在学校教育中，教学仪器是培养学生技能的物资基础，例如物理课中的安装电路；化学课中配制溶液，各种溶液的化学变化规律；生物课中显微镜的使用，切片、标本的制作等，这些技能离开教学仪器是不可能培养的，而这些技能不论在学生的继续学习中或是在工农业生产中都是必备的基础。九年义务教育，提倡素质教育，将对教学仪器提出更高的要求。

3. 教学仪器是培养学生具有正确的科学态度和科学方法的基础。理科课程除了使学生掌握知识、培养特定技能和能力以外，树立正确的科学态度和方法是一项必须切实加以实现的培养目标，这是培养社会主义建设人才的要求。学生在对教学仪器使用和操作的过程中，实际上就是科学思想、科学作风和实践精神的培养。就科学态度而言，最重要的是实事求是。应正确使用仪器，严格按实验程序，步骤和要求进行，细致观察，认真思考实验现象，严肃如实地记录实验所得数据以及勇于在实践中检验自己的成果等。科学方法是总结研究人的认识过程和规律的方法，主要有观察、分类、数据处理、测量、交流、预测、推理、提出假说、进行控制变数的实验以及形成的理论等。由此可见，假如离开了教学仪器，学生就不可能参与这一系列的活动，因此也就很难培养正确的科学方法。

4. 在教学方法的改革中，教学仪器具有特殊的功能。教学活动的核心是教学内容，但是要实现教学内容的要求离不开教学过程。教学过程的两个要求是教和学，要使教学过程进行得卓有成效，就必须选用恰当的教学方法，正确的教学方法归根到底是把教师的主导地位和学生的主体作用很好地统一起来。充分使用教学仪器能让教师在运用教学方法时有更多的选择。

二、教学仪器的管理

保管具有养护、保存和管理的含义，对教学仪器保管得好，不但有利于实验的进行，还有利于学校从宏观上掌握仪器的品种、数量以及运营的情况。

（一）建账造册

将学校购进的各科的教学仪器建立三本账册：一是总账册，二是固定资产登记册，三是低值易耗品登记册，登记时可按上级主管部门颁发的目录编号顺序进行。登记的凭证有仪器的发票、仪器转移单、仪器维修单、仪器报损单等；登记内容包括仪器的来源，是国家拨给、团体或个人捐赠、自筹建设购置等，仪器的名称、数量、规格型号、价值和日期等。

（二）建立制度

采购教学仪器是为了在教学中使用，所以使用是一个关键环节，一定要掌握好，用好，使仪器真正为教学服务，因此一方面要防止买仪器用来作为摆设或应付上级的检查，另一方面要避免随随便便使用、用完不归还、损坏不报告等现象。所以要建立一些必要的制度，如仪器的领用、借还、赔偿、报损等，既有利于管理，又方便使用。

（三）责任到人

学校可由一名校长分管仪器管理和实验教学，建立实验教师的岗位责任制，配备专职实验教师妥善保管仪器，并协助任课教师准备演示或学生分组实验的器材，以及平日维修和自制教具。

（四）定位存放

仪器存放时，一定做到对号入座、定橱定位。首先按编号对橱柜进行分类，然后对存放的仪器进行编号，少数特高、特长的仪器可另行保管。

三、自制教具

自制教具指教师或学生根据教学内容的需要，选用废旧材料、日常生活用品等易得物品，自己动手设计和完成的教学仪器。

（一）自制教具的地位与作用

1. 自制教具是节省教育经费、大面积提高教学质量的重要途径。要解决教育经费短缺问题，就是要发动教师、学生进行自制教具，推广优秀的、有创造性的教具自制经验。实际上，许多教具都可以利用废旧材料进行自制，在以往的自制教具评比中，就涌现了一大批自制的能替代工业产品的教具。当然，送往有关部门评比的自制教具，一般在设计思想、选材与教学效果都是比较优秀的，但是这并不是说没送去参评的、普通的替代教具就没有效果，其实他们在辅助教学、提高教学质量方面起到同样的作用。例如，在没有教学挂图的情况下，教师自行绘制教学示意图，同样也起到直观教学的效果。

2. 自制教具是配备目录的必要补充。往往教师根据教学要求，结合自己的经验和长处，针对课程中的难点、重点、趣味点等自制教具，加强这些薄弱环节。而且，即使有充足和完备的仪器设备，教师和学生也只能按这些由工厂生产的仪器的既定实验方法、步骤进行实验，而且还必须严格按仪器的操作规程操作，这样在很大程度上限制了教师和学生探索、创造的能动作用。自制教具没有固定的形式、实验方法和实验步骤，教师和学生可以根据需要灵活地运用于教学中。

3. 自制教具是教学改革的需要。日本教育学会每年召开多种形式的物理教学经验交流，交流实验教学和教具自制等经验，交流成果登载在《物理教育》上，向全国推广。美国物理教学委员会每年也召开中小学物理教学经验交流会，简易实验、自制教具是最重要的交流内容，交流成果也刊登在有关杂志上向全国推广。《美国生物教师》中"怎么做"栏目中几乎全是介绍一些有关生物教学的简易实验方法和教具自制方法。日美中小学各科教学活动中经常大量地让学生自己动手做教具。他们十分重视自制教具，鼓励教师和学生利用日常用品亲手做教具进行实验。由此可见，自制教具绝不是仅仅为了弥补教学仪器在数量上的不足，而是发展教育的一个必要手段。首先，自制教具可以培养学生各种技能，在制作过程中还有利于培养学生的思维能力，资料查找与绘图能力，也有利于培养学生处理人际关系的能力。其次，学生用自己制作的教具来学习，由于经过更加充分与细心的准备，不但兴趣倍增，而且还会带着许许多多的问题，经过教师正确的指导或提示，学生可以把知识学得更牢，并能学到更多的知识。九年义务教育注重素质和技能的培养，自制教具这一行为应得到更多的重视。

4. 自制教具是教学仪器新产品研发的丰富源泉。自制教具产生于教学第一线，是教师积累多年的经验和智慧的结晶，在千万的自制教具中，有许许多多是具有创造性和启发性的，是值得推广的。在历史上，最初的教具都是自制的，当有了一定数量的需求后，才转入工业生产。我国现行配备目录中就有一批产品来自自制教具，如"细胞显微结构模型""细胞膜结构模型"，而通过鉴定的"条件反射建立示意仪"最初也是自制教具。因此，教学仪器的开发、研制不单纯是教学仪器研究和管理机构的事情，而是广大教师和教育工作者共同的事业。实际上，管理机构主要是为学校服务，而第一线的教师才是真正的实际操作者。多年的实践使他们更了解教学，更了解学生，更了解教具的需要，因此，他们是推动我国教学仪器发展的宝贵力量。

（二）自制教具的设计原则

1. 突出教学效果。自制教具来自教学，又应用于教学，所以首先要考虑的就是教学效果。具体表现在是否能解决教材中的重点和难点，是否有利于启发学生思维、有利于培养学生实验技能和能力，是否能把抽象的问题形象化、简单化。另外，表现或操作过程不应有科学性错误。

2. 选材容易，制作简单。自制教具就是要突出"简单""易做"，不要把问题复杂化，假如某件自制教具采用了复杂的工艺，使用了昂贵的材料，操作起来也十分烦琐，让人无法效仿，它便失去了推广的意义。

3. 设计教具时要有独特的设计思想，可对传统教具进行改进，采用新的工艺技术等。

另外，自制教具还应注意安全、卫生，尤其是那些带电操作的教具。制作带有无线电讯号发射装置的教具时，应了解是否违反有关政策和法令。外出采集生物标本时，也要遵守国家对珍稀野生动植物的保护条令。

【附录】

体育教学设备的管理

体育教学设备是学校教师设备的一个部分，虽然同其他教学设备相比，体育教学设备的坚固性、耐用性强一些，但管理工作是必不可少的。做好教学设备的管理工作，是保证教学工作顺利进行的一项有效措施。有些学校，体育设备和器材数量并不少，但由于缺乏专门的管理人员，使用、借用、回收、修理工作没人负责去做，结果平时有体育活动，到上体育课时教师却找不到像样的器材。一些室外设施，如单双杠长期无人照顾，生锈后渐渐损坏；沙坑因缺少沙子而被弃用，最后变成垃圾坑。虽然学校体育设备的管理工作应该由体育教师承担一部分工作，然而在设备种类多，而人员又责任不明的情况下，往往会出现谁也不知道该谁去做工作的情况。做好体育教学设备管理工作，需要有认真负责的管理人员，并经常做好以下几项工作：

（一）做好保管工作

体育器材最好有专人保管，不论哪个教师上课时要使用哪一种器械，都要向保管人员借用，并按时归还。这样做有利于协调教师之间的工作。有时不同教师兼任同一年级的体育课，而且上课的时间和内容一样，免不了在器材、器械、场地的使用上有冲突，保管人员不仅要将所需的器材准备好，还要起到协调的作用。专人保管责任就明确，有些体育器材，如球类，个人也可以拿来用作娱乐品，如果学校管理不善，学校的公共财产很可能会成为私人物品，影响教学的正常进行。专人保管有利于及时清理各种教学设备和器材，发现破损及时修理，无法修复的尽快买新的，以保证教学使用。

（二）做好使用工作

体育设备和器材多数是专用的，篮球、排球不能当作足球使用，羽毛球拍不能用来打网球，一些学生并不注意体育器材的使用要求，在单双杠上打闹，几个人同时爬到杠上。这些做法对设备的完好性是不利的。要做好使用工作，需要向学生强调正确的使用方法，并制定必要的规章制度，要求学生严格按照使用方法去做，不能将体育器材当成一种娱乐品，随心所欲地使用。为保证器材的完好性，学校也要做好使用场地的管理工作。

（三）做好维修工作

一些体育设备和器材使用时间长，不容易损坏，但许多设备器材的损坏往往是从一些部件开始，由于不及时修理，才导致整个设备报废。单双杠由于地基不稳，用的人多，渐渐生锈损坏；跳远场由于木质跳板变腐损坏，不及时修理或换新的，跑道渐渐荒废，沙坑沙子流失，最后使整个场地变成荒地；足球场由于不进行保养，地面不平，最终无法修复，只能重新建设。因此，维修工作不仅有利于使设备器材的使用寿命延长，还能为学校节省经费。

（四）做好设备自制工作

一些大型的或者需要特殊工艺的体育教学设备必须购置，但简单的、小型器材可以组织师生自制，如跳高、跳远的完整设备，体操用的垫子，跳绳用的绳索等。为节省投资，场地的建设和维修也可以由师生通过劳动完成。师生自制体育设备，不仅有利于学校节省经费开支，而且能提高学生的劳动觉悟，增强他们爱护体育设备的责任感。

（五）做好班级所有设备管理工作

一些学校的体育教学设备大件由学校统一管理，小件分散到各年级各班，由各班管理。同时，在一些体育竞赛中，学校也将部分体育用品作为奖品发给学生。有些班级用自己的经费也购置了一些体育器材。开展体育教学工作，学生自己保管的一部分设备器材是有用的，学生的作用大小取决于管理工作的成效。学生在课堂上学，课后如果能用自己所支配的器材配合所学内容进行练习，这将大大提高课堂教学的效果。

第五节　图书管理

图书管理指的是图书室按一定的图书管理技术要求，对所采集、收藏的图书资料进行科学技术加工与合理的布局编排，并予以妥善保管与有效利用的活动过程。图书室是提供教学、科研、学习等图书资料的最重要场所。图书室藏书的积累性，客观地决定了图书室藏书具有数量大、范围大、内容庞杂、种类繁多等特点。对这些连年递增、卷帙浩繁的图书资料的管理与利用，必须要具有一整套相应的科学的管理方法。这样才有可能做到排检科学、布局合理、管理妥善、使用方便。这不仅仅是一个图书管理技术要求问题，它关系到如何更好地、长远而完整地保存藏书，提高藏书的利用率的问题。如果不能对图书进行科学有效的管理，读者要向从浩如烟海的藏书中迅速、正确地得到所需要的图书资料，就有可能形同大海捞针，既难以及时满足读者的阅读需要，又不符合现代化管理的要求。现代科学意义上的图书管理，不仅是图书工作实现现代化的迫切需要，是保证图书藏书为教学科研服务、为读者服务、为社会服务的重要保证。

一、图书管理的原则

图书管理工作的整个流程涉及的面很广。它既包括图书的采编、分类等方面，也包括图书的流程、情报服务等方面，当然还包括图书工作的行政、人员管理等方面。这里所讲的图书管理，主要从图书管理工作的核心内容着眼。通常说来，图书工作的整个流程大致主要可以分为两大部分：馆内藏书建设的管理与图书流通工作的管理。根据图书管理的这种内涵特质，在对图书进行有效管理时，必须坚持以下两个原则：

（一）便于管理原则

这主要是对馆内藏书建设的管理而言。图书建设是一项造福于人类的事业。图书要想更好地发挥它的内在的巨大潜能，服务于读者，服务于社会，其基本前提是必须对图书进行必要的精心保管。便于保管的原则，是图书管理工作的基本原则。这就要求图书管理工作者在具体的图书管理建设中，在藏书的采编、整理、组织、保管等工作中，必须根据图书资料的性质、出版形式、读者对象的需要以及藏书特点等因素，有区别地划分不同的书库，分别把图书科学地组织起来，形成一个有机的整体，以利于图书的保管。通常说来，大中型图书室一般都是在基本书库之外另设辅助书库和专门特藏书库，组成以基本藏书为中心，以辅助藏书和专门藏书为分支的藏书体系。这样的编排，不仅能够方便使用，而且也相对便于保管。藏书的排列（排架）也是如此。合理地科学地排架，不仅能使藏书的提取与归架迅速、准确，而且也能便利藏书的典藏保管。

（二）方便使用原则

这主要是对图书流通工作而言。图书管理的最终目的就是要最大限度地发挥图书的职能作用，充分满足读者的阅读要求，方便读者对图书的使用。在图书管理工作中，无论是图书的分类、编目，还是图书的划分、排列，图书的外借、阅览等，其基本目的很大程度就是为了读者使用的方便。例如，在藏书的组织上，合理地组织藏书，能够提高藏书的利用率，方便读者的使用。再如，藏书排架中的分类排架，就是按藏书内容所属的学科体系对图书进行排架，使图书资料能够按学科门类集中地组织起来，便于工作人员和读者直接在架上找到同类或相近类别的图书资料。图书分类、编目的目的更是为了更好地揭示藏书，方便读者使用。读者通过图书室目录的检索，不仅可以准确地查到所需要的图书资料，而且大大节省了读者查找图书的时间，直接方便了广大读者。在图书流通阅览等这些直接面对读者的工作中，必须要体现图书室服务工作，坚持方便使用原则，尽可能地满足广大读者的多种阅读要求。

二、图书管理的现代化

图书管理的现代化指依照现代先进的科学管理理论与管理方法，对图书进行现代化的科学管理，从而有效地提高图书管理质量，提高图书工作的服务、管理效率与水平，使图书管理工作纳入适应现代化发展战略的轨道。图书管理的现代化是现代化管理的必然需要，也是现代信息社会的必然需要。现代文明建设的关键是科学技术的现代化。而科学技术的发展离不开图书资料，因此，图书资料在科学技术发展与社会进步过程中有着不可忽视的巨大推进作用。现代图书管理必须采用现代化手段，做好图书管理工作，以便迅速而准确地为现代化建设不断提供最新的、科学的图书情报资料。图书管理的现代化，也是科学技术迅速发展和图书情报急剧增长的需要。随着现代科学技术的迅速发展，社会各方面对图书资料的需求也在不断增长，图书管理工作的工作量在不断增加，而如果图书工作仍还在沿用旧式的管理方法，不相应采用现代科学管理技术，不仅使图书管理工作费工费时，而且在查询资料时，也相对难以找全、找准，难以迅速、准确地为科学技术现代化提供最新的图书资料。

图书管理要为现代化科技的发展服务，必须要实现自身的现代化。现代化管理科学的产生、发展，尤其是信息论、控制论、系统论的出现，也为图书管理工作的现代化提供了新的方法上的可能性。目前，在某些图书管理部门，许多现代化的科学技术手段，已经在实际工作中得到了应用。以电子计算机为核心的现代化管理手段，不仅极大地提高了图书管理工作质量和图书工作效率，而且增加了读者获得完整、全面、准确的图书资料的可能性。同时，还扩大了读者获得图书资料的范围，加快了图书工作的运转速度，直接提高了图书管理工作的效益。

控制各种设备的使用，是许多现代化技术应用于图书管理工作的中心环节，是图书管理现代化手段的核心。如图书收藏管理的现代化，主要体现在以下几个方面：一是实现图书资料缩微化，以利于保管和少占用空间；二是采用消毒、防霉等科学方法保存图书，以延长图书的使用寿命等。图书管理的现代化是实现现代化图书管理的必然趋势，必须引起图书管理工作者的足够重视。

三、图书管理的内容

图书管理的内容包括图书的采购与验收、图书的登录、图书的分类与编目、图书的收藏组织与保管，以及图书流通管理等内容。

（一）图书的采购与验收

采购是图书室补充图书资料的重要方式之一。采购人员要在充分的调查研究、全面掌握各方面情况的基础上，有的放矢地采购各种读者需要的图书资料。图书经过采购人员按着一定采购程序采购进图书室后，首先需要进行的工作就是图书的验收工作，这是保证图书的数量和质量。图书的验收主要包括以下两个内容：第一，验收图书的数量。这是指按照发票上所列的书名，检查图书是否与预订的种类、册数一致。第二，验收图书的质量。这是指对图书的内容及外形、装订、版别等情况进行的检查。验收人员如果在验收中发现有数量不符或质量不好等情况，应马上通知采购人员，以便及时采取措施，减少不必要的损失。图书经过验收，核对无误后，还要在每本图书上打上个别登录号加盖校藏章，表示图书已正式成为图书室的财产。

（二）图书的登记

图书的登记是指对验收后的图书进行财产登记。它不仅是补充藏书、保管藏书和整理藏书的必要手续，也是图书室全部藏书情况的真实反映，是制订工作计划的重要依据。通常，图书登记可分为总括登记和个别登记。一般说来，总括登记要求根据验收凭据或注销图书的批准文据，将每批收藏或注销的图书的总册数、总金额及各类别图书的种类、册数、金额等。个别登记要求将每册书的登记日期、个别登记号、书名、著者、版本、书价、来源以及所属的总括登记号等逐项记录，以便使藏书的补充、整理、保管、清点等工作有据可查。

（三）图书的分类和编目

图书的分类和编目指的是将大量繁杂的图书资料，按照一定的科学方法分门别类，组成一个系统化、条理化、便于查找、便于利用的知识信息存取系统，即编制完善的图书目录。它是图书管理的主要内容之一。

（四）图书收藏的组织与图书保管

图书经过采购、验收、登记、编目等一系列工序后，需要通过一定的交接手续。图书收藏的组织，指的就是按照一定的图书管理要求，对图书进行科学组织和精心保管的工作。图书的保管是图书管理的核心内容之一。它主要通过制定一整套的图书管理制度，对图书的借阅及归还进行有效的、必要的管理。为了使图书更好地服务于教学的第一需要，所以加强对图书的保管是相当必要的。借阅有借阅的手续，归还有归还的原则。

第五章 教务人员必备素质与知识

第一节 教务人员的道德品质素质

一、对教育事业具有高度责任感的道德素质

教育职责具有两方面的含义：一是指社会对教育人员履行职业时提出的道德要求的总和；二是指教育人员在教育劳动中，自觉意识到社会对教育人员提出的各种道德要求的合理性，把遵循师德原则、规范和要求，看作是个人内在的道德需要，是对社会、教育应尽的使命、责任和义务。

在职责中，不但包括人对社会，而且也包括对自己的最高的义务。教务人员对自己应负的教育职责，具有一定的自觉性，才会去忠实地执行。有了强烈而坚定的责任感，才会产生一种迫使自己去履行教育工作的要求。职责是教务人员的一种社会属性，其特点是渴求并善于从对教育事业有益或有害的观点来评价个人的行为，用在教育劳动中起主导作用的原则、规范和要求、衡量教务人员的行为，把需求和现实可能性加以对比，服从社会教育事业的根本利益。

在教育劳动中，教育职责不是根源于个别人的"善良意志"或"绝对命令"，也不是哪个人随心所欲、任意规定的，而是根源于教育劳动中的特定利益和命令关系，具有一定的客观基础。

（一）教育职责存在于教育劳动关系之中

马克思曾指出："作为确定的人，现实的人，你就有规定，就有使命，就有任务。"教务人员处于一定的社会物质生活条件下，生活于一定的社会物质生活条件下，生活于一定的社会关系中，对与自己相关的他人、集体和社会整体，负有一定的使命、义务和责任。在长期的使命、义务、责任确定下来，而教师个人也以特定的概念形式来理解、体验和把握它们，这样就形成了教育职责范畴。因此，职责来源于社会教育劳动的关系中，适应了社会教育利益和社会分工的要求。教务人员在教育过程中怎样做、怎样处理各种关系、怎样对待学生并把他们培养成什么样的人，并不是"个人的事"，受个人的意志和心理特征支配，而是有着客观的社会规定性。社会教育事业根本利益要求教师在劳动中采取正确的态度，正确处理各方面的利益关系，向教师提出了教育职责。教师履行教学职责，就是把个人的知识和能力为学生与社会整体利益服务，为学生、教师集体和社会整体尽自己的崇高义务，完成自己应当完成的使命。

（二）教育职责是由师德原则和规范决定的

师德原则和规范是教育事业和教育劳动客观规律对教育人员行为的科学概括与反映。教育职责所包含的内容，从直接意义上说，是由师德原则和规范规定的。虽然职责本身包含教务人员在履行职责过程中有维护个人的正当权益的权利，但从教育职责的总体上讲，它更注重于教务人员对学生，对教职工整体和社会整体利益应尽的责任和义务。

教务人员对于职责的认识，不是自然而然获得的，只有在教育劳动中，不断提高道德觉悟，才能深刻认识教育职责。教务人员要履行职责，首先应该知道职责是什么，并愿意遵循职责，善于完成职责。

高度自觉的教育职责的情感和意识，来自教务人员对教育劳动的崇高意义的认识，对学生、祖国和人民教育事业的赤诚之心，来自支持教师的教育行为对于学生产生重大影响的体验和认识，来自教师在教育过程中，道德觉悟的提高。

在教育劳动中，教育职责的作用主要表现在以下几方面：

第一，教育职责能协调教育工作中的"冲突情势"，保证教育劳动顺利进行。教务人员在教育劳动之中的行为，是遵循教育职责的要求，还是顺从个人的"自然愿望"，其结果是不同的。教育职责是对教务人员行为的总体要求，能指导教务人员正确处理各种利益关系，保证和促进教育工作的顺利开展。根据个人"自然愿望"的好恶办事，必然造成教育工作的"冲突情势"，加剧人际矛盾，造成情绪对立，影响教育工作的顺利进行。

第二，教育职责有利于进行道德上的"综合判断"，选择正确的教育行为。教育职责是社会向教育人员提出的道德要求。在实际工作中，教务人员是遵守这个师德要求，还是遵守另一个师德要求，有时会产生矛盾。教育职责在指导教师和教务人员遵守各种师德要求，进行行为选择中，起着重要的作用。

第三，教育职责有益于锻炼高尚的师德品质。教育职责是与教育工作密切联系在一起的。一方面，社会对教务人员提出的职责，是任何一个教务人员都必须完成的，每个教务人员都应该使自己的行为符合教育劳动的要求；另一方面，教务人员在教育劳动中不断地体验和认识，转化为教务人员本事的"内在需求"，达到"我作为一个教务人员，只能也必须这样做"的自觉认识，使自己的道德觉悟逐步得到升华，形成崇高的职业品格。

二、以身作则，为人师表

学校教务人员自身的榜样作用是非常重要的。教务人员应该在一言一行上做教职工及学生的表率。身教胜于言教，教务人员的思想行为、作风和品质，每时每刻都在感染、影响着教职工，特别是广大学生。儿童和青少年的模仿性和可塑性极强，教师和教务人员的一言一行，都会在孩子们心灵上产生积极的或消极的影响，有的甚至会影响他们的一生。这就说明了教务人员的思想品德比教育以外的职业的人们有着更为重要的意义。当然，每个人都会有不同的性格和特点，但是作为教务人员，必须具备一些共同的、必要的美德。例如，坚持原则、公正廉明、遵纪守法、谦虚谨慎、言行一致、表里如一、严于律己、知错必改、认真负责、一丝不苟、对人热忱、温和，并且在语言、仪表、举止方面讲文明礼貌，朴素大方。教务人员一定要以身作则，要求别人做到的，自己首先要做到。要时时刻刻想到自己是教育工作者，是建设精神文明的表率。遇事要考虑教育效果和影响，在教职工和学生面前是这样，在其他同志面前、家庭中和社会上也应该是这样的。

三、实事求是

实事求是，就是从实际出发，按实际情况办事。

教务人员要做到实事求是，并不那么容易。是则是，非则非，不夸大、不缩小，如实反映情况，思考问题和处理问题时从实际出发，坚持真理，修正错误，这些都是实事求是的重要内容。由于种种原因，还有不少教务人员有意无意地违反实事求是的精神。例如，办事浮夸、摆花架子、弄虚作假、报喜不报忧、只讲空话，不干实事、只图虚名、不讲实效，这些是和实事求是精神背道而驰的。所以，为了更好地完成教育任务，教务人员必须时时处处坚持实事求是的精神。

四、光明磊落

教务人员同样是培养社会主义新人的"园丁"，对祖国、人民、党是呼吸相通，命运与共的。因此，教务人员对事业、对组织、对同志都应该做到光明磊落，表里如一。对工作要像春蚕吐丝那样，兢兢业业，尽职尽责。

光明磊落的人，从不隐讳自己的错误或缺点，如陈毅是知识分子出身，在中国革命极端艰难激烈的斗争实践中，锤炼了无产阶级革命家的坚定性，他始终以革命节操自励、励人。他从来不隐讳自己在多年的革命斗争中所难免犯有的一些错误或缺点，并且经常用自己在参加革命初期，因缺乏经验而走过的一段弯路来教育干部，他待人以诚，对干部亲近、爱护，有了缺点就直截了当地指出，讲道理说服或批评，更欢迎同志们对他的批评和帮助。他的浩方坦荡、光明磊落得到了同志们的敬仰和信任。

因此，作为社会主义教育工作者的教务人员，应当光明磊落、表里如一，方能为人师表。

五、团结协作

在教育过程中，学校教务人员与教职工之间的团结协作，对于教育任务的完成，以及学生思想品德的形成和文化知识水平的提高，具有十分重要的作用。

（一）团结协作是搞好教育工作的力量

教育工作的主要任务是培养人才。培养人才的工作是一个复杂的"工程"，不是哪一个人能够单独完成的，而是需要全校教职工的密切配合，统一行动，互相帮助，团结协作，形成一个坚强的集体，才有力量去解决工作中的各种问题，取得良好的教育成果。当前，世界面临新技术革命高潮，我们要迎接这个挑战，教育必须面向现代化，学习、研究和掌握最新科学技术知识，这也需要全体教育人员彼此之间相互支持，交流信息，通力合作，共同研究。

（二）谦虚谨慎是搞好团结协作的前提

谦虚谨慎是一种优秀的道德品质，是事业成功的要素，它是人们搞好团结的前提。教务人员要正确处理和同事的关系，搞好团结协作，必须具备这种优秀的品质。

教务人员具备了谦虚谨慎的优良品质，在处理与同事的关系中，就能够做到正直诚实，真诚相待，虚心学习，取长补短，互敬互谅，互相信任，有利于建立友谊，增强团结，促进良好的集体的形成。

正确处理教务人员与同事的关系，就要求他们在业务能力和知识水平的提高上，要互相学习；在具体工作上要互相支持，互相配合，做到分工不分家。每个教务人员在知识水平和业务能力上，都各有长处，一定要互相学习，相互配合。青年同志应主动地、虚心地向老同志请教，学习他们渊博的知识和丰富的经验，学习他们优秀的品德和优良的作风。老同志则要爱护和关心青年同志的成长，学习他们思想敏锐、充满活力、改革创新、开拓进取的精神。学校教务人员还应当多从教师劳动的特点出发，做好教学管理工作，尽可能给教师的工作以照顾和方便，减少教师的后顾之忧。教师也要认识到教务人员的工作对于搞好教学的重要作用，体谅他们的辛苦，尊重他们的劳动。

六、严于律己，宽以待人

所谓严于律己，就是对自己严格要求，以身作则，不空洞说教，不夸夸其谈，一丝不苟，要求别人做到的，自己要带头做到。榜样就是无声的命令。"其身正，不令而行；其身不正，虽令不从。"古人也深知这个道理。要做到严于律己，必须有较强的自我克制和自我控制能力，必须有自我批评精神。所谓宽以待人，就是对别人宽宏大量，有宽容精神。这是一个教务人员团结群众必须具备的心理素质。俗话说"宰相肚里能撑船"，教务人员要有这样的宽广胸怀，不要计较别人对你的态度不好，伤了你的"自尊心"，什么时候说话不注意场合，给了你难堪。凡胸襟狭隘不能容纳者，决不是一个好的教务人员。美国中小企业人事管理二十四条中有这么一条："记住，如果没有不满，就没有进步。"群众有意见，不一定是坏事。一听到群众对自己的批评就暴跳如雷，这样的教务人员，很快就会失去群众基础。

教务人员要做到严于律己，宽以待人，就必须对自己高标准，严要求，一言一行以人民利益为重，一举一动要符合职业道德，做到时时刻刻解剖自己，具有"慎独"精神。教务人员要有宽广的胸怀，以谦恭之心对待周围的同志，当听到别人批评自己时，本着"有则改之，无则加勉"的态度，虚心接受，认真改正，即使受了委屈，也不计较个人得失。对其他同志思想上的苦恼、生活上的困难、身体上的病痛，要给予同情和关心，安慰和帮助；对缺点错误，要以高度负责的精神、诚恳的态度促膝谈心，要善于开导，善于等待。同事之间出现争论，要及时交换意见，相互谅解，消除误解，不为无原则的问题而纠缠不休。

第二节　教务人员的业务知识素质

一、教务人员的业务知识

1. 系统的教育理论知识

认真研究教育科学，懂得教育规律，具有从事教育工作的能力，这是教务人员职业劳动的特殊要求。所以，教务人员必须认真学习教育科学知识。

教育科学是研究教育现象及其规律的科学，是研究培养人的规律的科学。教育科学是包括许多门类和分支的一个庞大的科学体系，一般所说的教育学只是其中的一门基础学科。随着教育实践的发展和对教育现象及其规律认识的深化，教育科学的门类和分支越来越多。对于不是专门从事教育教学及研究的教务人员来说，不可能也不必要对教育科学体系的每一门学科都去学习。但是，对于教育科学的基本理论和教育、教学的规律及基本原则是必须了解和掌握的。

目前，我国师范院校开设的教育理论课程主要是教育学、心理学和分科教材教法三门学科。这是师范生共同必修的专业课，也是在职教师应当研究和掌握的教育理论的基本内容。教育学是教育科学的基础学科，学习教育学可以帮助教务人员正确认识教育的本质、规律、内容、原则、途径和方法。心理学是研究人的心理现象及其规律的科学。教务人员首先应当学好普通心理学，正确认识心理的实质，研究和掌握人的认识、情感、意志等心理过程和兴趣、能力、性格、气质等个性心理特征形成和发展的规律。在此基础上，进一步学习儿童心理学、青年心理学和教育心理学的知识。这样才能根据儿童和青少年的年龄特征和学习心理、品德心理等特点，从学生实际出发，因材施教，有针对性地进行教学和教育。分科教材教法是根据教育学和教育心理学的基本原理研究各科教材教法的学科。它对各科教材的体系、内容、教法进行具体的分析研究，培养教师进行分科教学的能力，对教学工作能起到更直接的指导作用。

马卡连柯说："我非常尊重教育理论，离开教育理论，我是不能工作下去的。我很喜欢教育理论。"现在，广大教务人员对教育理论的学习越来越重视，都感到要"科学育人"，不能只凭经验办事，必须要有教育理论作指导。因此，教务人员应当努力学习现代教育的理论，才能跟上现代化教育的步伐。

2. 管理知识和管理才能

面对复杂的社会和迅速发展的科学技术，人们越来越普遍地感觉到：管理者的管理方式，必须由"经验型"转向"科学型"。为此，学校教务人员必须树立决策科学化的观念、信息观念、系统观念、效益观念、新的时间观念、人才观念。教务人员有必要较系统地掌握管理科学知识，如教育行政学、学校管理学以及一般的管理学基本知识，此外，还要掌握与管理科学有关的边缘科学和新兴科学的基础知识。

具有管理才能，这是管理人员的主要特点。一个管理人员如果只具有相应的文化水平、专业知识和一定的教育理论水平而缺乏管理才能，那么他就不可能成为一名合格的管理者。管理才能包括哪些内容呢？主要包括组织能力、工作作风、工作方法和管理艺术。有管理才能的教务人员，必然有较强的组织能力，能够合理地分配人力、物力、财力；重视工作效率，在工作作风上雷厉风行，要求有令则行，有禁则止，决不容许推诿、拖拉作风；还必须讲究工作方法，在工作中善于思考，善于同群众商量，发扬民主作风，寻求最佳方案，决不骄傲自大，自以为是；还必须注意管理艺术，沉着、冷静、不主观、不急躁，善于以理服人，决不简单粗暴，只靠行政命令行事。管理人员的管理才能，必须在实践中才能逐步发展和成熟起来。

3. 专门学科知识

学校教务人员不仅要有较广泛的文化科学知识，而且还要掌握专门的学科知识。这就是说，教务管理人员要专业化，要在某些学科领域达到能从事教学和研究工作的水平。当然，一个教务管理人员要在学校所有学科领域都达到这种程度是不可能的。但是，在某些方面，比如精通一至两门，再比较熟悉一至两门，是可能的。特别是对直接主管教学工作的人员，提出这样的要求则是完全合理的。

二、教务人员的素质

1. 管理教学工作的业务素质

教学工作是学校经常性的中心工作。学校教务人员必须深入教学领域，把管理教学工作作为自己经常性的主要任务。对教学工作的管理，必须根据党的教育方针和政策，加强教学工作中的思想政治工作，才能保证教学有明确的社会主义方向。扎扎实实抓好"双基"教学，发展学生智力，培养学生能力，是教学工作的首要任务；良好的师生关系，是提高教学质量的重要保证；上好每一堂课，是提高教学质量的重要环节。教务人员要十分重视抓好这三条最基本的事情。特别还要指出的是学校教务人员必须经常对教师和学生进行尊师爱生的教育，充分发挥教师的主导作用和学生的主动性，从而更好地通过每一堂课来实现"双基"教学和发展智力、培养能力的任务。

学校教务人员管理教学，主要应该抓两项工作：对教研室（组）的管理和对教师教学的检查指导。

教研室（组）是学校进行教学研究的基层组织。学校的教务人员要分头深入教研室（组），加强对教研室（组）的思想领导，并具体指导教研室（组）制订工作计划，有计划地抓好教研室（组）的活动，帮助教研室（组）总结交流教学经验，充分发挥教研室（组）在提高教学质量中的作用。教研室（组）组织教师学习研究教学大纲和教材，明确"双基"要求，努力改进教法，这是提高教学质量的关键。教务人员管理教研室（组）要紧紧抓住备课这一重要环节。只有备好课才能上好课。

课堂教学是学校教学的主要形式，学校教学水平决定了课堂教学的质量。因此，课堂教学是教学工作检查的重点。检查教学工作主要采取以下几种方式：（1）检查教师的备课情况，检查教师的课时计划和教学笔记。（2）直接参加教师备课，特别是和新教师一起备课。（3）全面深入地总结经验性质的教学检查。（4）检查的目的和要求不同，采用的形式也不一样。一般使用的方式为听课、用书面或口头考查学生掌握知识的情况，听取教师汇报，分析研究教师的教学计划，分析研究学生作业，了解学生课外活动情况等。比较全面的检查是对学生期中、期末考试后的质量分析，并在这一分析的基础上，总结教师教学的经验，找出教学中存在的问题。

2. 德育管理的素质

德育是学校教育的重要内容之一，必须大力加强。在学校工作中，坚持以教学为中心，这是不能动摇的。但是，还必须保证教学的社会主义方向，保证教学按照其自身的规律迅速而有效地提高质量，完成教学任务。学校教务人员在指导思想上必须明确，一定要全面贯彻党的教育方针，坚持以教学为中心，同时加强德育和体育工作，使学生在德、智、体诸方面生动活泼地、主动地得到发展。

教务人员要加强学生德育工作的管理，一定要认真研究新形势下这一工作的新情况、新特点，逐步掌握德育的规律，这对教育战线提出更高更新的要求。学校德育管理要紧紧抓住通过政治课教学和各种活动来实现德育的任务。在内容上以爱国主义为核心，培养和弘扬民族精神，开展民族精神教育、理想信念教育、道德品质、文明行为教育、遵纪守法教育等。

学校教务人员对德育工作的管理，主要是培养班主任；对班主任的工作并进行检查和指导；对全体教师进行德育工作进行检查指导；对共青团工作进行指导。

第三节　教务人员的工作作风素质

一、一切从实际出发，理论联系实际

作风是人们在生活、工作、学习等活动中表现出来的一贯态度和行为，对任何人都是个重要问题，对学校教务人员也是如此。

一切从实际出发，理论联系实际，就是用马列主义的基本原理去研究和解决革命与建设的实际问题，再将革命实践经验上升为理论，去充实和发展革命理论。这就是把马列主义的普遍原理和中国革命具体实践相结合的全部内容的两个方面。一般地讲，实际指客观环境、客观条件。实践则强调人们的社会实践、主观努力作用于客观环境，改造客观世界。通过人们的实践，才能使理论解决实际问题，使二者密切结合起来。学校教务主任也应坚持和发扬党的优良作风，实行理论和实践相结合。

二、坚持群众路线，密切联系群众

现在建设社会主义现代化，党的正确路线、方针和政策的制定和实施，还是要依靠相信群众，"从群众中来，到群众中去""集中起来，坚持下去"的作风。坚持"一切为了人民群众，一切向人民群众负责"的观点，以及"相信群众自己解放自己"和"向人民群众学习"的观

点。这就是党的群众路线的基本内容。我党就一直是坚持群众路线，领导群众前进，才取得了一个又一个的胜利。革命斗争和社会主义建设的巨大力量，归根结底来自群众的革命觉悟，团结起来，行动起来，为自己的利益而奋斗。党的十一届三中全会以来路线、方针、政策实施的胜利，特别是改革开放，充分证明了这一伟大真理。学校教务主任在教务管理工作中，也应坚持群众路线调动一切积极因素，共同完成教育任务。

三、开展批评与自我批评

只有正确地进行批评与自我批评，特别是自我批评，才能不断地克服和纠正自己的错误和缺点；才能使自己的行动更符合广大人民群众的利益，符合事物发展的客观规律；才能做到实事求是，制定和执行正确的路线、方针和政策；才能使全体人员团结一致，统一思想，统一纪律，统一行动。

自我批评是开展批评的基础和前提，没有这个基础，批评就难以开展。自我批评就是要有严于律己的自省精神。这种精神是我们民族的好传统。孔子说："吾日三省吾身！为民谋而不忠乎！与朋友交而不信乎，传不习乎！"这种内省精神，也是一种自我批评，当然由于历史的阶级的局限性，古人的这种自我批评局限性是很大的，是很不彻底的。

批评与自我批评对于一个教务主任来说，不论是来自上级还是下级的批评，尤其是来自群众的批评，都要虚怀若谷，认真听取，"言者无罪，闻者足戒"，"有则改之，无则加勉"。对批评意见，实事求是地进行分析，哪怕有一点正确，也要作为启发自我批评、改进工作的力量。

四、发扬艰苦奋斗的光荣传统

继承和发扬艰苦奋斗的光荣传统，是由我们的远大理想和革命实践所决定的，形成的。教务人员是学校的骨干，要不辱使命完成这一任务，必须牢固树立艰苦奋斗的观念。我们的理想是实现社会主义四个现代化和将来实现共产主义。教务人员的行为具有很强的示范性、影响力和感召力，这是由教务人员的地位、作用决定的。可以说，教务人员既是艰苦奋斗精神的实践者，又是艰苦奋斗精神的传播者。教务人员率先垂范、身体力行传播艰苦奋斗精神是职责所在。共产党人把为人民服务、为国家和民族的利益不懈奋斗作为自己人生的最大追求，把艰苦奋斗作为保持党和人民群众血肉联系的纽带。这个事业是人类历史空前艰难而伟大的事业，需要共产主义者和广大人民经过长期艰苦卓绝的斗争，付出巨大的代价才能实现的。我们就应该有人类最伟大的革命气魄、决心和实践行为，我们统称为艰苦奋斗的作风。要教育和引导广大干教师从我做起，从点滴做起，用实际行动模范践行艰苦奋斗、勤俭节约的优良作风。要大力弘扬艰苦奋斗的精神，关键是教务人员要以身作则，率先垂范：

一、要不断开拓进取，努力打开工作新局面。自觉摒弃患得患失守摊子的思想，紧跟时代的要求，不断解放思想，更新观念；抓住机遇，迎难而上，努力探索符合教育实际的发展新路子，在开拓进取中力争有所建树；自觉做到不大吃大喝，不挥霍浪费，不追求奢华，不铺张浪费，始终保持朴实的生活作风。

二、要志存高远，持之以恒。艰苦奋斗，不是权宜之计，也不是一时一事的应景作秀，而是克敌制胜的传家宝和我们应有的政治品格，是要一以贯之的永恒追求。作为教务人员，要站在实现中华民族伟大复兴的高度来看待艰苦奋斗的现实意义和深远的历史意义，能不能在关键时刻继续保持艰苦奋斗精神，是检验其是否符合干部标准和先进性的试金石。

三、要坚决同奢侈浪费、享乐主义等不良现象做斗争。在市场经济的大潮中，确实有少数教务人员思想觉悟低了，品德修养差了，原则弱了，是非观念模糊了。个别人甚至认为艰苦奋斗过时了，奢侈浪费是时尚，是本事，是荣耀，从他们身上已经看不出教务人员的基本觉悟。这些人在生活上追求舒适享乐，在工作上贪图安逸清闲，早已把艰苦奋斗精神抛到了九霄云外。对此，作为教务人员，必须引起高度重视，绝不可视而不见、掉以轻心，更不能随波逐流。要发扬为党和人民负责的精神，坚决同这些现象做斗争，在实践中履行教育义务。

"忧劳兴国，逸豫亡身"，"生于忧患，死于安乐"。艰苦奋斗任何时候都是我们的传家宝。要实现全面建设小康社会的宏伟目标，继续推进中国特色社会主义伟大事业，我们必须牢固树立起艰苦奋斗的信念，大力弘扬艰苦奋斗精神。

第四节　教务人员所必备的知识

一、教务人员所必备的教育学知识

教务管理具有复杂性、政策性、特殊性和时效性。教务部门经常有很多突发性的事件，教务人员要有很好的应变能力。要想做到这一点，教务人员必须要有精湛的业务。教务人员要加强自身的业务能力，过硬的业务能力是提高服务的首要条件。没有过硬的服务本领就谈不上服务，更谈不上为广大师生提供优质的服务。因此，教务管理工作者应具有必备的教育学知识。

（一）教务人员应具备扎实的业务理论知识，掌握现代教育与管理理论，建立先进的教育思想和理念

中学教务人员的服务对象是从事各专业教学的教师和接受专业技能的

中学生，教务人员担负着管理与育人的双重任务。教务人员必须懂教育、懂管理，不仅要掌握党的教育方针、政策，而且要懂得中学教育与管理的基本理论、方法和技能。作为教务人员，必须系统深入地学习教育管理理论和管理技能，深入钻研中学教育理论，积极开展中学教育教学研究，懂得人才成长特点，时刻关注中学教育发展趋势，以与时俱进的工作态度，适应时代要求，在把握教育教学、服务育人规律的基础上，把具有时代特征的先进教育理念和现代管理思想落实到日常的工作之中，实现真正的"内行"管理。因此，要善于学习，不断吸取知识素养。教务人员要注意吸取知识营养，建立适应现代中学管理需要的认知结构。

教务人员要熟悉和掌握教务管理的具体内容。教务人员在实际工作中，反应要敏捷，办事要雷厉风行，注重效率，增强处理与解决问题的能力。作为教务人员应该熟悉本岗位工作的特点及全过程，能够对可能出现的问题，尽可能预测和避免，在出现问题之后，及时妥善解决，并采取行之有效的补救措施，使损失和影响降低到最低限度。同时，教务管理工作又是一项实践性很强的工作。教务人员要熟悉教务管理的工作流程，坚持按工作程序操作，熟练开展常规工作，力求及时准确，切实做到有条不紊、忙而不乱。这就需要教务人员在工作中勤于思考，善于总结一些工作程序，并加以合理改进，以培养较强的日常管理能力，增强分析和解决问题的能力，使教务管理逐步走向科学化管理的轨道。

（二）教务人员应有较强的语言文字表达和信息处理方面知识

教务管理工作面对的是全校师生，工作的具体内容往往涉及大量不同专业、不同个体的师生。如果不懂专业，不熟悉所开课程，将无法介入教学管理。可以说，要想取得高质量的管理效果，作为教务人员仅仅熟悉现行的教学文件、有关教务管理的各项规章制度、本职工作的特点和程序是远远不够的。作为教务人员最好对所管理的学科或专业知识有一定了解，只有在了解专业计划制订和专业课程设置的基础上，才能更好地进行教学的组织和安排，并且便于对教学中存在的问题做出科学的判断和恰当的处理，这样才能有的放矢地处理问题，才能进行及时有效的管理和协调，并最终提高教务管理的工作效率和管理水平。

教务人员是学校教学信息沟通的中介，或传达领导意图，或反映教师建议，或解释原因，或交涉事宜等，常常需要撰写公文如公告、通知、须知、建议、体会和论文等。怎样保证相关信息的传递既及时又准确？怎样才能做到语气随和而又语言得体、表达清楚而又言简意赅？这就要求教务人员努力学习、善于总结，不断增强口头表达和书面撰写能力，做到表达正确而逻辑严谨、行文规范又简明扼要。教务人员要善于沟通，联络感情，创造一种良好的人际关系氛围，注重各方面的协调协商合作。作为教务人员应当统筹安排，团结协作，充分发挥桥梁和纽带作用，调动每个人的积极性。理顺各方面关系，做到公平公正。把每一项教学要求落实到具体工作之中，确保教学有序运转。在保证教学工作正常运转的同时，还要具备较强的协调应变能力，在工作中相互尊敬，相互理解，果断处理偶发事件。只有善于沟通，善于处理错综复杂的关系，保证良好的人际关系，才能取得人们的理解和支持，提高管理水平和服务质量。教务管理部门是联系教师与学科，各学科与领导之间的枢纽，教务管理涉及学校诸多部门，工作繁杂琐碎，既要保证教学信息能够及时传达给老师和学生，又要保证老师和学生的意见和建议能够准确快捷地传达给相关部门，这就要求教务人员具有较强的信息方面知识。

（三）教务人员要具有创新方面知识

一个优秀的教务人员必须具有改革创新的基本素质，这就是说作为教务管理一线的工作人员，应该既能从小处着手努力做好日常工作，又能从大处着眼创造性地开展工作。教务人员应具有创新方面的知识。教务人员处于教育教学管理的前线，对工作中发现的问题和解决的方法应该最有发言权，应该紧密围绕学校的整体办学目标，针对本单位的实际情况，结合时代发展的新特征，转变传统的教育观念，学习先进的管理模式，在实践中开阔思路，大胆创新，运用科学的管理方法探索、总结、设计出适应中等教育改革发展的管理办法，并把大胆的构想变成具体的行动。一个优秀的教务人员应该是一个主动的管理者，要以发展的眼光看待问题，应该善于根据客观实际创造性地开展工作，对于已经不适应新形势、新要求的管理模式与管理方法，要大胆地进行改革和调整，积极鼓励引导教师接受新的教学理念，采用新的教学模式，真正的调动学生学习的积极性，努力提高课堂效率。对教学改革中出现的新情况、新问题，要在认真调查研究的基础上，形成具有创造性的工作思路和工作方法，切实将创新意识落实到常规管理工作中。

（四）教务人员应具备信息技术知识

伴随着现代化教育技术在教育领域的广泛运用，中学的传统教务管理模式也发生着重大变革，建立以计算机辅助管理为主要手段，利用现代信息技术和管理方法，对教务管理信息进行采集、分析、处理、存储、传播和反馈，已成为各中学教务处实现教务管理现代化工作的重点。教务管理的信息纷繁复杂，在信息化建设中应牢牢把握"为教务管理服务"在信息技术飞速发展的大背景下，利用现代信息技术提高教务管理工作的效率。

这就要求教务人员熟练掌握多媒体网络等现代教育技术，充分利用计算机进行学籍管理、课程编制、教学任务、考试管理、成绩管理、档案管理、教材管理等，实现教务管理的科学化、规范化和信息化。教务人员必须重视计算机知识和技能的学习，只有这样才能准确而全面地收集、整理和存储教务信息，并及时地更新信息，从而提高教务管理质量。同时，教务人员学会运用现代信息技术来处理日益复杂和繁重的管理任务，对于减轻教务工作强度、提高工作效率，促进工作合理有序进行都具有重要意义。传统的教务管理工作要人工完成教学管理过程发生的信息，这样不仅工作量大，而且花费的时间也多，重复劳动也多，还有就是教务人员是工作的执行者，常常要下达一些上级部门的通知，这里包括学生和老师，它的范围广，人员多，如果要一个个地去打电话通知他们，很浪费时间。我们要利用现代科技手段通过校园网络平台进行下达。因此作为教务人员要掌握各种计算机管理软件的使用与管理的能力，来提高我们教务管理工作的效率。

二、教务人员所必备的学校管理学知识

管理学是研究管理现象、探讨管理规律和方法的科学，是管理的概念、原理、方法等的知识体系。研究对象是管理系统及管理活动，包括管理与控制、组织与成员、行为与目标等。关于管理的观点、观念或理论体系，是管理理论与实践的结合在人们头脑中的反映。管理学对管理工作起指导作用，其随着人类社会及其管理活动的产生、发展而产生和演变。

（一）学校管理内容

可分为学校管理的总体目标、组织人事目标、教育教学工作目标、后勤总务管理目标等几个方面。

1. 学校管理的总体目标：要建设一所社会主义的好学校。

2. 学校管理的组织人事目标：要建立一个结构合理、运转有效的组织机构；要建立一个好的领导班子；要建设一个素质高、能力强的教职工队伍。

3. 学校教育教学工作目标：要培养出合乎规格的学生。

4. 学校后勤总务管理目标：要为教育、教学服务，为师生生活服务，做到财物的最佳利用。它的主要内容和目标方向列表如下：

目标分类	内容要览		目标方向
组织 人事 管理	(1) 组织结构 (2) 规章制度 (3) 领导班子 (4) 教职工队伍	(1) 精简、合理、有效运用 (2) 确定规范、促进管理效能 (3) 结构合理、质量、效率高 (4) 能力强、质量、效率高	→↑ →↑ →↑ →↑
教育 教学 质量 管理	(1) 对象：面向全体学生 (2) 内容：德、智、体全面发展 (3) 时间：教育教学的全过程 (4) 范围：课内外，校内外 (5) 工作：学的质量与教的质量	(1) 要使全体学生在各自的基础上都有提高 (2) 有全面发展的统一要求，也有不同学生的因材施教 (3) 使每个方面、每个环节都有及时的信息反馈，把定量与定性分析结合 (4) 各有主从，和谐协调，相互促进 (5) 学的质量：预习、上课、作业、考核、自学和各项活动等 教的质量：备课、上课、批改作业、辅导、考试和学生思想工作	→↑ →↑ →↑ →↑ →

（二）学校管理的实施环节

实施是学校管理过程的一个阶段，是学校管理过程的一个中心环节，是达到学校管理目标的基本手段。

1. 学校管理的实施重要性

（1）从实施的目的看，实施是要使制订的计划付诸行动，使学校目标的"蓝图"变成现实。学校管理如果只停留在制订计划阶段，那么管理过程就失去了生命力，计划也就成了一纸空文，毫无价值。

（2）从实施本身看，这是学校各成员大显身手、增长才干的阶段。各成员的积极性、创造性都将在实施计划中充分发挥，因而各项工作任务、各项工作的指标都将先后完成，各方面的成绩、缺点都会显露出来。

（3）从管理过程所需要的时间来看，以一个学期管理过程为例，计划阶段一般只在开学前及开学后一、两周内进行；师生是从开学起一直到学期结束都在进行；检查一般是在期中前后或期末进行；总结一般是在期末进行。由此可见，实施阶段在管理过程中所占用的时间长，它是管理过程的中心环节。

（4）从学校各组织机构、各层次的工作看，这一阶段各级组织、各管理层次都在发挥职能作用，各项工作都在开展，各方面的矛盾都可能出现，各种关系都需要协调处理，而这些正是实施阶段的管理活动。

从上述四个方面来看，实施阶段确实是管理过程的重要阶段，是达成学校目标的基本手段，学校领导必须花大力气去抓计划的执行。

2. 学校管理的实施过程

实施阶段各类人员已按计划安排，各就各位、奔向目标。这时学校领导就应随时掌握计划的进程及人力、财力、物力管理的动态，采取相应的组织、指导、协调、教育和激励等措施，最大限度地调动各方面的积极性，以有效地实现目标。

（1）组织。组织是把人力、物力、财力组织起来。这是教务人员在实施阶段的第一步工作。计划指导后，各成员并不是立即各就各位，自觉行动的；物力、财力并不是自动发挥作用的。各类人员由领导调遣，所以要把适当人员安排在适当的岗位，从事适当的工作，保证事得其人，人尽其才；把财力、物力按实际需要分配，做到物尽其用、财尽其利。人力、物力、财力的组织，是在实施阶段的第一步工作，而且贯彻实施阶段的始终。

（2）指导。指导是教务人员对各部门或人员在工作上进行指挥和帮助。在实施阶段，要经常指导各类人员的工作，这是因为在这个阶段往往会出现这样或那样的问题。例如，有的人偏离了目标；有的人热情很高，但缺少方法；有的人不听从指挥等等。为了更好地实施计划，就要针对各种情况及时做好指导工作。指导的方式应采取点拨式、启发式，或者示范式。切不可包办代替，或强加于人，或训斥一顿。因为包办解决不了所有的工作；强加于人，效果往往会适得其反；而训斥一顿，只能造成对立情绪，而且无济于事。帮助而不替代，示范而不说教，批评而不压制，从而调动积极性，提高工作效率和效果。

（3）协调。协调是教务人员在具体的管理过程中，把各部门、各成员的主动性、创造性充分调动起来，纳入实施整体目标的轨道，使各方面工作有机配合，协调运转。协调是实施阶段的一项重要的管理工作，它贯穿于实施阶段的全过程。

（4）教育、激励。教育、激励和协调同样是实施阶段的管理工作，它也贯穿于实施阶段的全过程，它是调动学校各成员执行计划的自觉性和积极性手段。要使学校各成员持续地按原定计划从事某种工作，并且不断提高积极性，除了必要的规章制度外，还需要教育和激励。教育，主要是加强思想工作。在计划实施的过程中，始终要进行学校工作目标的教育，用目标去统一学校各成员的思想，用目标去激发学校各成员的进取心。激励是指灵活运用精神鼓励和物质奖励的手段，去激发学校成员的进取心，从而调动其执行计划的积极性。在运用激励手段时，一定要以精神鼓励为主，物质奖励为辅。

组织、指导、协调、教育和激励，是实施阶段教务人员应该做的事。组织是实施计划的起点，但在进行这项工作时，若是离开了教育、激励，计划就往往不易落实；若是不注意进行指导，往往会使计划得不到贯彻，行动偏离目标。同样，若是忽视了对各项工作和人员之间的协调，就可能发生无谓的冲突，组织实施也就成了一句空话。为了协调人们之间的关系，还必须进行教育、激励。由此可见，组织需要辅以教育、激励，而教育、激励也伴随着协调、指导。因而这几项管理工作是相互穿插、配合进行的，不能简单地或机械地排列成一个程式，单项进行。

三、教务人员必备的教育心理学知识

教育心理学是研究受教育者在教育影响下形成道德品质和个性，掌握知识和技能，发展体力和智力的心理规律，研究教育和发展的关系，研究教育者以及其他教育情境的心理学问题的一门学科。

教育心理学的对象是教育过程中的种种心理现象，而这种心理现象与一般情况下的心理现象有着共同的性质。一方面，它们都是物质发展到最高阶段即人脑的产物，都以一定的生理过程，主要是神经过程作为物质基础；另一方面，它们又都是客观现实的反映，对人来说，客观现实主要是指社会环境，教育情景是一种特定的社会环境，而且，人对客观现实的反映是通过积极的社会实践活动实现的，由此可见，教育过程中的心理现象和人的一般心理现象一样，兼有自然性质。因

此，教育心理学也就必然兼有自然科学的性质和社会科学的性质，并以后者为主。

（一）教师心理

从事塑造年轻一代灵魂的教师，为了更好地执行教育工作职责，并使工作得以顺利地完成，就必须具备做好教育工作所必需的各种心理品质。教师的各种心理品质是在从事教育实践过程中形成和发展的。

1. 善于了解学生情况的才能

教师对学生的了解，不仅是认识并记住每一个学生，而且还要记住学生其他方面有教育意义的各种情况，以便为日后对学生进行培养教育提供依据和参考。

2. 敏锐的观察力

敏锐的观察力是教师了解学生、获得教育依据的重要能力。观察力是与思考力及理解力密切联系的。有经验的教师不仅能够敏锐地观察到学生的重要心理表现，而且会从中理解学生的某些心理意义，甚至还可以从某些心理表现推知学生将要出现的下一个心理表现的内容。

3. 热爱学生的深厚情感

教师爱学生的情感是以对教师教育事业的正确认识为条件的。只有当教师认识到学生在未来建设事业中的意义和作用，认识到今日对学生品德培养的工作对于学生身心健康的成长，以及对学生未来从事建设活动的重要而深远的意义，认识到自己现在的工作是对祖国的未来负有巨大责任时，他对培养学生品德的高度责任感才能自然产生。

4. 高尚的品德

教师在品德方面的楷模作用，对学生有重要的影响。教师不仅应是精神文明的典范，还应是这一教育活动的组织者和贯彻者。

5. 具有"学而不厌"的个性品质

教师是人类知识经验的传播者，要让学生有知识，教师首先必须要掌握比教给学生知识还要多的知识。

6. 教育机智

在教育过程中，常有学生不接受教育，发生顶撞教师的现象。教师的话，学生就是不听，就是不照着去办，甚至反其道而行之，且态度很不好。缺乏经验的教师遇此则大发雷霆，闹成僵局。有经验的教师则能根据实际情况，灵活地把问题解决掉。

（二）学生年龄与差异心理

一个人自出生之日起，就处在一定的社会生活条件下，处在家庭和学校教育下，而随着年龄的增长，其心理也在不断形成和发展着，心理内容也在不断充实丰富着，身体在质量上也不断发生新的变化。由于主客观条件的不同，因而形成了心理发展的年龄特点与个性差异。

1. 制约心理发展的因素

（1）遗传因素是心理发展的生物前提。它对学生的心理发展的作用主要有：第一，通过人的先天素质影响智力发展。第二，通过气质类型影响学生情绪和性格的发展。

（2）环境和教育是心理发展的决定因素。社会生活条件是学生心理发展的决定因素，教育起着主导作用。遗传提供了心理发展的可能性，环境和教育则使心理发展变为现实。遗传和环境的作用十分复杂。心理既不是遗传因子的扩大，也不是对环境的机械翻版，遗传的多样性和环境的多变性，组合成千变万化的心理发展的可能性，而环境影响则决定学生心理发展的实现性。教育，在学生心理发展中起主导作用，教育的作用有三：第一是武装学生知识和技能；第二是培养学生的品质；第三是发展学生的智力和体力。

（3）学生心理发展的动因。在学生积极活动的过程中，教育和社会向学生提出的要求引起了学生新的需要，这种新的需要和原有的心理水平之间产生矛盾，这就是学生心理发展的内部矛盾，或称之为学生心理发展的动力。内部矛盾是学生心理发展的内因和根据，教育是学生心理发展的最主要的外因和条件，外因是变化的条件，内因是变化的根据，外因通过内因起作用。

2. 学生心理发展的年龄阶段

根据心理学的研究材料，可以把学生的心理发展分为以下几个阶段：

（1）幼儿期（3岁到6、7岁）：一般在幼儿园学习。

（2）童年期（6、7岁到11、12岁）：一般在小学学习。

（3）少年期（11、12岁到14、15岁）：一般在初中学习。

（4）青年初期（14、15岁到18、19岁）：一般在高中学习。

各个年龄阶段之间既有联系又有区别，既有稳定性又有可变性，在学生心理发展过程中还有几个关键性阶段必须很好地研究。如2、3岁，6、7岁，11、12岁左右都是关键性阶段。在这些阶段，无论在认识水平、个性特征和行为活动等各方面，都处在质的突变时期。

3. 学生心理发展的个别差异性

由于每个学生的遗传素质不同，所处的社会生活条件不同，所受的教育和影响不同，心理发展阶段的一般特征，具体表现在每个学生身上是不同的。例如，有的学生颜色辨别能力强，有的则差一些；有的学生喜欢文学，有的爱好物理等。在个性倾向方面，即需要、动机、兴趣、理想、信念和世界观等，在每个学生身上也存在着差异。

总之，学生心理的发展，既有年龄特征也有个性差异；既有共性也有特殊性，教师只有了解学生身心发展的一般规律和个别差异，才能正确地组织与进行教育教学工作，有目的、有计划地发展学生的智力水平和良好品质，这对全面贯彻党的教育方针，因材施教地培养一代新人具有重要意义。

第六章 教务主任的工作浅释

第一节 教务主任的能力和素质

一、教务主任应具有的能力

有人说：教务主任扮演着协调者、管理者、协助者、参谋者、调度者、督导者、合作者、引领者、执行者等多种角色。足见教务主任在学校管理这个舞台上扮演的角色不是单一的，是具有多重性、交叉性的。教务主任应该具有怎样的能力呢？针对新课程改革对于教学管理的要求，可以从以下几个方面分析。

（一）教务主任是教学能手

作为教务主任，至少应是某一科的行家里手，且教学质量较高，在教学方面有一些拿手"绝活"，值得其他教师借鉴效仿。教务主任的成长一般都经历这样的过程：普通教师——教学骨干——教研组长——教务主任。许多从一线成长起来的教务主任，由于各种事务缠身，就不再任课或不再任主要学科的教学。这不仅造成了教育资源的浪费，也容易使教学管理与研究，由于脱离一线的教学活动而如无根之木、无源之水，并逐渐走向空洞和苍白。

教务主任应回归教学一线，把新课程的理念化为自觉行为，在教学一线全面了解新课改的前沿动态，做课改实验的行动者、引路者。

苏霍姆林斯基曾说过："如果你想成为一个好校长，那你首先得努力成为一个好教师。"其实教务主任也应如此。因为"教务主任"只是某人在某一时期的行政职务，但是其一生的职业却是"教师"。从这点上讲，教务主任应该履行教师的基本职责——教学工作，更应该是学校的"品牌教师"。如果不亲自参与教学，不亲自走进教堂，不亲自与学生交流，不亲自接触课本，就不可能对教学实践有深刻感受，就很难对如何抓好教学工作有一个明确的思想，也就很难赢得教学改革的主动权，从严治教就会成为纸上谈兵。

教务主任直接站在教学第一线，不仅利于掌握教学实际，探索和认识教学新规律，寻求教育教学改革新途径，而且这种做法在一定程度上也能鼓励和促进其他教师重视教学工作，这种同舟共济般的精神支持，其效果要比在会上大讲如何钻研教材，如何上好一堂课要好得多。这样教导主任才能真正做到不说外行话，不办外行事，靠自身的教学能力和水平塑造自身形象，树立工作权威，形成强大的感召力；同时也能广泛联系各科教师，了解他们的动机、需要和困难等，达到与教师在教学信息上的交流、思想感情上的沟通，建立起融洽和谐的关系。正如苏霍姆林斯基所说，学校行政只有不断完善自己作为教师，又作为教育者的技巧，才能充当教师和学生的优秀而有威信的指导者。总之，教务主任应努力成为一名教学行家，能准确地把握新课改的精神和要求，掌握最新的教学动态和先进的教学理念；熟悉教学业务，对各科教学都有发言权；通晓各学科之间的内在联系，并掌握教学规律和原则；具备对教师课堂教学和教学效果进行科学评估的能力等。

当教务主任准确地将自己定位为一个教学行家时，肯定会在教学中钻研、反思、提升，有这样的定位必须要付出这样的努力，也才会得到相应的提升。

（二）教务主任是管理行家

教务主任是学校的管理者之一，是管理教学的主要人物。因此，一所学校教学质量的好坏与教务主任有着直接关系。行使教学管理权也成了目前教务主任的主要工作之一，大多数教务主任是"教而优则管"；但是管理能力并不会与教学能力成正比，教务主任应该通过不断学习、摸索，逐步成长为一名教学管理行家。从目前教务主任管理现状看，绝大多数教务主任在常规的"三表"落实，教学"五认真"或"六认真"的检查督导、教学质量的监控等方面做得扎扎实实，其中不少人陷入了繁杂事物的"苦海"之中。究竟是什么原因，使教务主任们感到如此忙碌呢？一方面是工作职能问题，教务处的工作职能确实是学校其他部门所不能比拟的；另一方面，学会管理，学会分权，学会使自己在繁杂的事物中解脱出来，使自己成为一个管理行家，才能弹奏出一曲优美的协奏曲。

教务主任一定要建立起实施管理过程的办事梯队，在教务处内部明确分工：主任、副主任、干事、教研组长、年级组长，各司其职，保证让自己跳出"事物"，把工作重心自觉转移到出主意、抓落实上来。在部署工作时，只需向执行人员交代要达到什么效果、完成哪些指标就行了。至于具体如何去操办，那是具体执行者的事。这样既有利于充分调动各级管理者工作的积极性和创造性，也有利于提高他们的工作能力。当自己从日常繁杂的事物中解脱出来后,就会有更多时间和精力研究新情况、提出新思路。课程改革是对学校传统的教学管理模式的一次重大挑战,是一个创新和重建的过程。对每一个教务主任来说,仅有敢闯的精神和开拓创新的勇气,就探索不出符合时代要求的教学工作思路和与众不同、个性鲜明的课改工作特色。既要认真领会学校的办学思路,又要细化落实学校教学目标,更要有具体实施上的创新和突破。

教务主任只有将自己准确定位为一个管理行家时,才能在管理领域去学习,去思考,去实践,去创新,不断提升自身的管理水平。

(三)怎么做好一流中层

不少教务主任都有这样的感受:如果工作认真,很容易积怨于下,引起下属的不满;如果对下属很宽容,工作效率和质量往往又会大打折扣,因此积怨于上,甚至被扣上"缺乏管理和领导能力"的帽子。

有些教务主任为了既不积怨于上,又不积怨于下,只是拼命将责任和一些本应由下属去完成的工作往自己身上揽。这样一来,工作是保质保量地完成了,但却苦了自己,而且造就了一支松懈、不思进取的团队,费力不讨好。

踏实勤奋是一个好中层的基本素质,勤奋加智慧才能成为真正的一流中层。教务主任要牢记的是:做一流中层需要有良好的职业素养、来源于实践的智慧以及终身学习的精神。

(四)教务主任要掌握的"三个于"

1. 精于业务:不能做外行管理内行的领导,作为学校教务主任这样的业务中层，至少要成为一门学科教学能手，精湛的教学业务是自己实施管理的根基。同时要不断主动学习，不断掌握教学管理业务方面的知识，诸如编排课表、质量监控、队伍建设等等，从而实施有效的教学管理。

2. 勤于反思：失败是成功之母，而总结反思是成功之父，一个不会总结的人就不能从自己过去的经历中吸取教训并不断超越自我。著名教育学家叶澜说过："一个教师写一辈子教案不一定成为名师，如果一个教师写三年教学反思可能成为名师。"我们完全可以相信：一个教务主任如果对自己的教学管理工作勤于反思，假以时日，完全可以成为一名出色的教育管理者，许多名校长都曾经担任过教务主任的事实也验证了这一点。

3. 善于沟通：管理者的真正工作就是沟通。沟通对于学校管理所具有的功能包括信息传递、情感交流、控制功能。作为学校管理中层的教务主任每一天或者每件事都面临着与广大老师、学生、家长、其他中层、上级校长沟通的现实。

二、教务主任应具有的素质

教务主任主管学校的日常事务，既是教学人员，又是管理干部，扮演双重角色，承担双份工作负担，其工作所赋予的要求和其他人员不一样。除了要有高尚的道德品质、崇高的精神境界和精深的业务水平之外，还要继续加强学习，提高各方面素质。

（一）思想政治素质

坚持学习马列主义毛泽东思想的基本理论和思想，坚持党的教育方针，做教师中政治学习的带头人；有崇高的思想境界，实事求是的工作态度、良好的道德风尚；能以身作则，严格要求自己的言行作风，努力带动教师形成良好的教风、校风，教育学生形成优良的学风。

（二）文化素质

具有本校教师中一流的文化水平，至少不应比本校一般教师的文化水平低，但要谦虚好学；在教育、教学方面有丰富的实践经验，至少能上好一门课；具有辅导一般教师备课、上课的教学水平；具有自学、研究先进教学经验的能力，知识面广，善于学习新知识。

（三）业务素质

具有较高的教学水平。通过学习教育科学，逐步认识教学过程及其规律，掌握一些切实可行的教学原则和行之有效的教学方法，并且能坚持学习教育科学研究的新成果和新经验，不断进行知识更新，比一般教师站得高，看得远；具有一定的领导能力，通过学习现代管理科学，逐步掌握学校教学管理的基本理论和基本方法，对教学质量、体育卫生工作和教务行政工作实行科学管理。

（四）人际素质

教务主任组织教师教学，解决教师在教学工作中遇到的问题。工作中不可能不产生矛盾，尤其是人际矛盾。一些工作上的矛盾如果解决不好，最后就会转化为人际矛盾。做好人际工作是教务主任的一项重要任务，教务主任必须具有较好的人际素质。教务主任由于自身的位置决定自己的人际关系是比一般教师复杂的，一方面要处理好自己与校长及其他领导的关系，另一方面要处理好自己与教师的关系，还要调节好教师之间的关系。要调动教师的工作积极性，首先要解除教师的思想和精神上的负担，而人际矛盾是最大的精神负担之一。人际素质要求教务主任要热情、诚恳地对待每一位教师，办事要公平，品行要端正，作风要朴实，实事求是，心胸开阔，善于自我批评，又敢于同不良习气作斗争。

教务主任的素质是学校、社会对教务主任这一领导干部提出的要求，也是广大教师所期望的领导素质。学校要有较高的教学质量，没有一个高水平的教务主任是不可能的事。作为教务主任，只有自身的修养水平高，才能要求教师提高素质，凡事应从自己做起，这本身也是作为领导必须具备的工作素质内容。提高教务主任的素质，不仅仅是关系到教务主任本身的问题，更重要的是，这项工作对学校具有不可忽视的意义，应引起各级领导的重视。教务主任应为学校的利益多学习，多思考，不断提高自身的素质和工作水平。

（五）如何提高自身素质，以适应新课程的管理需求

在新课程背景下，教务处的管理工作不仅仅局限于听课、查教案、看作业，而是要与老师共同研读新课程，共同走进新课程，共同创造性地用好教材。因此作为教学管理人员，更要有高水平的业务素质，才谈得上对学校教学工作的全面指导。既要当好一个实践者，面对可能出现的失败，又要勇于担当教师的引领者，成为课改的带头人，确实有难度。教务主任需要具备明显高于一般教师的理论水平和实践能力，才能胜任"平等中的首席"，这是教务主任这一角色被赋予的重任。

新课程要求教务主任管理手段要新，更注重管理的信息化、校校通、校园网、信息的储存访问传递等等。为实施课程改革，运用现代化教育技术成为管理者的一项常规技能；而这些能力并非通过教学专业培训就能形成的，必须要靠教务主任积极主动地去学习，去自我提高。

新课程背景下，管理方式是否适应新的要求，管理思路和具体措

施是否合理？这都需要教务主任在管理能力方面有新的提高，主动学习更多的管理学、心理学和教育学的知识，否则很可能出现管理与新课改不适应的问题。这对每个教务主任来说，是一次关于自我发展的挑战。

第二节　教务主任的职责和任务

一、教务主任要明确自身的职责和任务

在一份对教务主任工作调查中有这样一道题目："您担任教务主任工作的最大困扰因素是什么？"调查结果显示：选择最多的就是其中一点"学校工作中有许多不属于教学管理方面的内容分担给教务处"，所占的比例是59.5%；13.9%的被调查者选择"和教学校长之间的分工不明确"是工作中最大困扰因素，也就是说，13.9%的教务主任和教学校长之间工作职责的划分是不清楚的。

这反映出教务处工作多而杂的一个主要原因，同时更反映出学校各个部门之间的职能如何划分、教务主任自身的工作职责如何确定的问题。

如何明确自己的岗位职责和任务呢？首先要了解学校机构的设置和管理职能的划分。

二、学校行政机构设置的类型

教育教学是学校的生命线，是核心工作。教务处是学校教育教学管理的执行部门，发挥着至关重要的作用。教务处是在校长领导，协助校长做好教学工作及日常管理的职能部门，是学校管理系统中最重要、任务最多、最重的一个系统，是执行教学工作计划并联系教师的

枢纽，是为学校教学工作服务的机构。而教务主任则是这个部门的决策者和领导者。不同地区、不同学校，根据自身的实际情况，往往在教务处的职责划分上也有所不同。目前中学行政机构的设置一般可以归纳为如下四种不同的类型。

类型一：

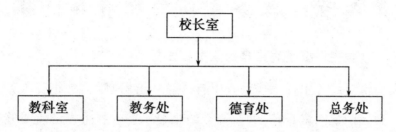

这类设置的学校一般是学生人数较多的，往往将教务处、教科室、德育处三个部门并行设置，分别承担着教育教学管理、教育科学研究、品德教育的职能。这样教务处的职能就是进行教学管理和教学研究。

类型二：

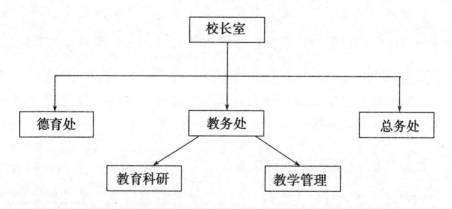

学校分设教务处和德育处两个教育教学管理部门，而且独立工作。教务主任下设两名副主任，分别进行教学管理和组织开展科研工作，教务处的职能就多了一项，即开展教育科研工作。

类型三：

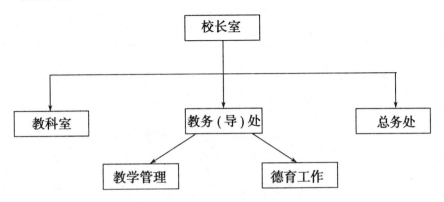

学校分设教务（导）处和教科室两个教育教学管理部门，各自独立工作。教务（导）处下设两名副主任，分别进行德育教育工作和教学管理工作，教务（导）处就多了一项德育管理的职能。

类型四：

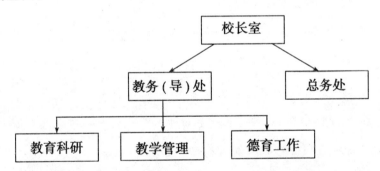

这样的设置一般是在规模小、学生不多的学校。教务（导）处统一领导，主任负责教务处全面工作，副主任分别负责德育工作、教育科研、日常教学研究和教务管理等工作。

其实这四种类型各有利弊：类型一，德育、教学、科研属于三室分设，便于更好地实施精细化的管理，但是由于部门多，工作中要相互协调，才能不发生工作推诿、相互责怪等弊端；类型二，教学和科研合并、德育分设，有利于将科研和教研有机整合，强化校本研修但是要防止以教研代替科研，防止教学与教育工作的脱节；类型三，德育、教学两室合并，科研独立，有利于教育教学工作的统一安排，统筹兼顾，教书育人并重，但是此类设置应防止科研和教学工作相脱节；类型四，德育、教学、科研属于三室合设，有利于工作的统筹安排，防止工作推诿现象，但是可能会造成管理工作无法精细化。

四种类型设置，要视学生人数、学校规模而定，无论是哪一种，都必须要有准确的分工。第四种类型的教务处职能最大，下面以第四种类型为基础，来分解教务主任的职责和具体工作任务。需要说明的是，考虑到各校的实际情况，这里列举的教务主任职责和任务是最大化的。因此，大家在借鉴、参考的时候，请遵循适用性原则，不可照搬。

二、教务主任的工作职责

教务主任是校长领导教育教学工作的主要助手，是管理学校教育教学工作的"内当家"，具体负责学校的教育、教学、教务等方面的管理工作。具体职责是：

1. 协助校长组织好学校的德育工作，抓好学生的思想品德政治教育，组织安排全校各种教育活动。

2. 协助校长组织和管理好学校的教学工作，保证正常的教学秩序，努力提高教学质量。组织领导各科教研组，指导各教研组制订学年或学期工作计划，开展校本教研活动并定期检查落实，组织教师学习教育理论，学习课程标准、教材教法，改进教学方法，督导教师教学、学生学习的情况和质量。

3. 培养教学骨干，总结交流校本教研活动经验，不断探索教研教学规律。

4. 组织领导学校的体育、卫生、艺术工作，开展课外体育、科技、文娱、综合实践活动，统一安排学生在校活动总量。

5. 领导和处理教务行政工作，贯彻上级教育行政部门和学校制定的各项规章制度；拟定学校工作程序文件，编制各种教务表格、学校行事历、课程表和作息时间表；积累各种教学资料，领导招生和编班工作；合理分配教师工作任务，处理教师请假、代课及补课事宜；组织安排考试和命题，实施对学生考勤和成绩考核；管理学生的学籍档案；建立和管理教师业务档案。

6. 坚持走群众路线，依靠教研组长、年级组长，在常规检查、平时抽查的基础上，做好教师的各项考核工作。

对于以上 6 条职责，要注意两个方面：

其一，要清楚地理解"协助"两个字的内涵。协助管理和自己组织管理是不同的两个概念。《现代汉语词典》里解释协助就是帮助、辅助。因此，对于该是自己完成的事情和协助校长完成的事情要分清楚，特别是在处理和副校长关系上，明白自己的作用是辅助校长进行德育管理和教育教学管理。

其二，协助不等于不作为，协助的另一层含义是，在校长的决策下，协助者往往是要做好执行工作。因此，协助组织和管理实际上是校长出思想、副校长出思路，两者决定做正确的事情，而教务主任坚决执行，是正确地做事。只有明白了自己的哪些工作是协助组织和管理，哪些工作是直接管理，就不会和副校长之间有什么职责不清楚的问题了。

因此，只有明确了自己的职责时，清楚地知道哪些是协助的、哪些是自己直接管理和组织的，才能进行准确的行为判断，协助各方关系，平稳地实施管理。这样才能创造一个良好的环境，使教务主任自己和他人都愉快地工作，从而提升自己的管理水平。

三、教务主任的工作任务

（一）组织管理德育工作

1. 协助校长加强德育工作，贯彻落实中学德育纲要，制订并执行本校德育工作计划。

2. 教育学生遵守《中学生日常行为规范》和本校的有关纪律制度，加强常规训练，树立良好的校风和学风。

3. 了解学生的思想、学习和生活情况。研究各类学生的特点，与班主任、任课教师及学校其他有关方面密切配合，深入细致地做好学生的思想政治工作。

4. 学期前召开班主任工作、年级组长工作等相关会议，布置班主任工作具体事宜，听取各班主任对学校的工作意见及建议，研究班集体建设，总结交流工作经验；传达学校教学工作计划和德育工作要求，安排具体活动，畅通落实途径；传达学校领导有关要求，具体人员、岗位安排，明确教师职责，切实保证学生安全。

5. 组织每月及学期末的班主任考核。组织、指导班级评优工作。提出表扬奖励先进个人、集体和批评处分违纪学生的意见，报请校长或通过校长报请上级教育行政部门批准执行。

6. 组织校外教育网，开展校外教育活动。做好与家长、社会教育组织的联系工作，办好家长学校，定期召开家长会，把学校教育与家庭教育、社会教育有机地结合起来。

（二）组织管理教学工作

1. 正确地确定学校教学工作管理的目标和重点，制订学校教学工作计划，使学校教学有计划、有步骤地协调进行。

2. 健全学校管理的组织系统，明确有关机构和人员的职责，发挥教学管理机构和人员的作用。

3. 加强教师队伍的建设，不断提高教师的素质。

4. 完善学校教学工作的各项规章制度，建立良好的教学秩序。

5. 充实教学设备，改善教学环境，组织好教学服务的各项工作。

6. 发挥教研组、备课组作用，开展校本教学研究活动，促进教学改革。

7. 组织对教学质量的考查和评估工作。

8. 深入教学实际，加强检查指导，及时总结教学工作经验，提高教学质量。

9. 积极组织开展教育科学研究，引导教师根据学科特点和教学实际需要开展校本研究，改进教学方法，使用先进的教学技术手段。

10. 坚持走群众路线，依靠教研组长、年级组长，在常规检查、平时抽查的基础上，做好教师的月考核和学期考核工作。

（三）师资队伍建设

1. 加强教师职业道德建设，组织好政治思想、教育法规、师德规范学习，进一步端正教育思想。

2. 关心教师，提高教师的文化素质，鼓励他们积极参加业余文化进修学习，在排课上给予支持，时间上给予保证。

3. 每学期要在教师中组织开展岗位练兵，通过课堂教学竞赛、说课、评课、"三字一话"等基本功比赛活动，实现教师基本功的进一步提高，尤其不放松对青年教师的辅导、督促与检查。

4. 组织教师积极参加校、区、市、省教育主管部门开展的各种类型的教学竞赛活动，做到在活动中培养，在活动中帮助提高。

5. 每月组织一至两次校本研修活动，与教学研究和教育科研融合在一起，科学设置课程，合理选修内容，采取教师互教互学的形式，让教师成为研修的主体。

6. 加强骨干教师的培养工作，提高教学质量。鼓励骨干教师开展教育科研课题的研究，优先安排骨干教师参加各种培训，创造机会让骨干教师发挥作用（上示范课、评课、进行教材分析、作专题讲座等），加大骨干教师的奖励力度，鼓励骨干教师脱颖而出。

7. 抓好"青蓝工程"建设，做好青年教师的培养。

（四）组织管理体、卫、艺工作

1. 领导和组织学生开展课外科技、文娱、体育、读书、美术、书法等活动，活跃学生的课余生活，开发学生潜能，培养学生的创造能力。

2. 关心学生身体健康，认真贯彻落实体育、卫生工作规范，增强学生体质。

3. 认真检查贯彻体育课程标准状况，切实提高体育课质量；根据学校实际情况，积极组织开展学生群体体育活动。

4. 指导卫生老师制订学校卫生工作计划，及时检查总结。

5. 加强预防近视工作，严格控制近视的发病率。

6. 注意防治流行病、长发病，防止安全事故的发生。

（五）组织领导教务工作

1. 做好教育、教学资料的归档工作。

2. 组织好新生入学相关工作，整理好报名资料。

3. 做好编班工作，把年龄和知识水平相同或相近的学生，按照定额合理分配，组成平行班，以便实施教育教学。

4．做好编制课程表工作。

5．做好学生学籍档案的管理。

6．做好教师业务档案的管理工作，及时记录、搜集、归类。

7．做好教务统计工作。

四、教务主任履行职责完成任务的方法

（一）分工合作，合理授权

对于以上五个方面工作任务，教务主任要清楚地认识到，这不是一个人的任务，而是教务处一个部门的工作任务。因此，在管理中首先要善于处理好和其他部门的关系，清楚地了解哪些是自己部门的工作，哪些是其他部门的工作；其次，要善于将本部门的工作进行分工和授权，调动一切可能因素，来合力完成本部门的工作。例如，学籍管理应该是教务人员的事情，编排课程表也应该是指导教务人员去做；教师的考核问题，可以放权让教研组长和年级组长去做，自己起指导监督作用；教师的培养和打造，应当发挥教研组和教师自己本人的积极性；德育工作应发挥德育副主任、团委书记的作用等。

（二）掌握让工作变得简单的一些方法

1．明确工作的目标与要求，可避免重复作业，少犯错误

通常的情况是，你不知道自己应该做什么；这个目标对你的工作会有什么样的影响；这个目标对你的意义是什么。当你理清了所有问题后，再开始工作。

你必须理清的问题包括：

（1）我现在的工作必须做出那些改进？

你要思考一下问题：学校的办学目标是什么？学校的教学现状与目标之间的差异是什么？我的教学管理如何向目标迈进？在此基础上，

制定你的阶段工作思想。

举例来说，学校要创省级现代化示范学校，那么教务处必须达成什么样的部门目标，才能完成学校整体的目标？在目标达成过程中工作方式要进行怎样的改变？

（2）我现在要从哪个地方开始？

你要知道的不是工作细节的问题，而是要确定大致的方向与优先级。例如，创省级现代化示范学校，如何确保每一位教师的好课率是首先要解决的问题，那么就应该从课堂抓起，抓好常态课，然后从课堂入手抓好"五认真"的管理（备课、作业批改等）。这样先确认好哪些事项先做，才能开始进行后续的作业；哪些事情应该排在最后，以避免因其他流程的变动而一再重做；个性流程之间应如何协调与整合等等。

（3）我应该注意哪些事情，避免影响目标的达成？

要思考在过程中有可能出现哪些错误或是疏失，应该如何避免；根据过去的经验，曾经发生过哪些意料之外的情形，必须预做准备。这样可以大幅度减少不必要的错误尝试，当然更能增加成功的机会。

2. 将工作排定优先级，可大幅度减轻工作负担

一个人或一个部门当然不可能同时完成这么多的工作，因此可以定出工作的优先级。你可以事先衡量哪些工作可以为学校带来最大的效益，是重要的又必须马上做的，必须优先处理；其次列出手中有哪些工作正在进行，需要哪些支持才能在期限内完成，之后你再进行目标分解，确定未来几星期内必须先达成那几个目标，再排定未来几天应优先完成的工作项目。总而言之，把短期内应该先完成、而且你有能力完成的工作项目确定下来。这样可以减少自己的工作负担。

3. 学会拒绝，不让额外的要求扰乱自己的工作进度

对于许多人来说，拒绝别人的要求似乎是一件难上加难的事情，你总是担心：会不会因此影响我和同事之间的友谊？领导有可能接受吗？

拒绝的技巧是非常重要的沟通能力。只有你最清楚自己的工作情况，你必须对自己负责，管理自己的时间和工作，不应让自己陷入忙乱的局面。

在决定你该不该接受非本职任务时，你必须考虑，如果应答了对方的要求是否会影响既有的工作进度，是否会因为你的拖延而影响到其他部门工作？而如果你答应了，是否真的有利于学校工作？

一旦有了决定之后，该怎么拒绝呢？如果是比较熟识的同事、朋友，最好是直截了当地说"抱歉，帮不上忙"或是"现在真的很忙，抽不出时间"。不要多费唇舌，也不需要解释一堆的理由，只要简单的一两句话就可以。而且必须在当下直接回绝，不要拖延一两天才说出你的决定。

如果是面对领导或者不太熟识的其他部门领导，就应当采取比较间接委婉的方法。你要考虑的问题是：要如何响应才能维持更好的关系，建立未来合作的基础？首先，你要说明无法答应的原因，并表示你的歉意。然后，最重要的是帮助对方找到另一个更好的解决方法，尽可能找到其他人帮忙。让对方觉得你不是在推卸责任，而是真的想帮助他解决问题。

这时候的回答不再是"是"与"否"的问题，而是沟通与对话的过程。你不是拒绝对方，而是与对方沟通解决的方法。沟通的过程也同样让对方了解你实际的工作情况，而不会无缘无故地一再找上你，

请求你的帮忙。

如果明确了自己的任务，而又能准确运用分工负责制，又会合理授权，还能利用使工作简单的一些方法实施管理，那么教务主任的管理能力和水平一定会上升到一个高度。

第三节　教务主任的管理工作

教务主任是学校的中层管理者，是学校教学管理工作的内当家，教学是学校的中心工作。教学管理是贯穿教学始终并起保证作用的基本条件，是端正教学方向、强化教学力量、稳定教学秩序、提高教学质量的基本保证。教务主任从事教学管理，要以辩证法等科学方法论为指导，注意综合运用科学合理的行政管理方法、思想教育方法，以及必要的经济管理手段等，避免依靠单一的行政手段。教务主任如何协助校长，带动全校教师积极地开展好教学工作，是教务主任时时需要考虑的问题。

一、要准确定位

教务主任是联系校长和教师的中间环节，起着中介作用，是学校工作的协调者和管理者，教务主任要接受校长发出的工作指令，并传输给教师加以贯彻执行，同时要积极把工作进展信息反馈给校长，以调整、强化工作指令。从工作计划的拟定、检查到活动布置、落实，从教学常规检查到教学质量的考核评定，从学籍管理、课务管理到指导教师的教研工作，充分体现出教务工作的千头万绪，十分繁杂。在工作中，教务主任要找准自己的位置，要做到到位不越位，尽职不越权，补台不拆台，用"弹钢琴方式"履行好领导和管理学校工作的职责。

二、教学方面管理

（一）教学组织管理

1. 建立教学指挥系统

构成：校长、分管校长、教务主任、教研组长。

任务：负责学校教学工作者的计划决策、实施检查、总结评价和科研等。

要求：制度健全；职责明确；信息通畅；指挥、控制、协调应及时、准确、全面。

2. 发挥教学组织职能部门的功能

（1）教务处是信息管理教学工作的主要职能部门，因此要发挥教务处在教学管理系统中的职能作用。

教务处的职责是负责教育教学和教务行政管理，对校长的运筹决策进行组织、执行。因此，教务处的工作状态反映了一个学校整体教学工作的状态，学校应健全教务处的科室结构，配备较强的管理干部队伍，对教务主任的基本要求是思想正、业务熟、善协调、勤沟通，要明确课程改革和建设的责任，保证教学工作稳定运行，不断提高管理水平和工作质量。

教务处所辖范围：各科教研组，以及与教育教学关系密切的教辅机构等。

（2）教研组是按学科、专业或课程设置的教学研究组织。

作为教学基层组织，其主要职能包括：完成教学计划所规定的课程及其他环节的教学任务；组织教师学习和研究课程标准；开展校本研修活动。教研组要重视开展教育教学研究和课程改革，不断提高教学质量，促进教师的专业化成长和业务水平的提高升。

教研组长是学科教研活动开展的直接开发者、策划者、组织者、协调者和管理者，是学校学科实践和发展的领军人物。选拔教研组长的要求是：精通业务，作风正派，善于团结人，有一定的组织能力，在教师中享有一定的威信。应当在教研组团队的建设与合作、促进教师的共同发展、有效策划研修活动等方面有独到的想法和措施，以促进校本研修的有效开展。按不同学科建立和健全教研组，教研组成立后，要制定相应的规章制度。备课组是教研组下设的同一年级学科的教学研究组，以备课为工作重点。备课组长要熟悉本年级学科业务，工作扎实，善于团结人，有一定组织能力，有一定的课程分析能力。

教务主任一定要明确教学指挥系统的指挥链，知道教务处所处的位置，同时明确各个部门的工作职能，才能根据划分的权限，在职责范围内实施教学管理。

（二）教学过程管理

1. 教学过程的含义

教学过程有狭义和广义之分。狭义的教学过程指反映教师课堂教学的基本程序或安排步骤。课型不同，程序也不同。广义的教学过程指学校活动循序展开的环节或步骤。包括教与学两个方面。其中教的方面通常包括备课、上课、作业、辅导和考试等。而学的方面包括预习、听课、复习巩固、练习应用等。

2. 教学过程管理要求

（1）遵循教学规律和原则实行科学管理

教学过程管理必须遵循"由浅入深，由易到难，由繁到简，由具体到抽象，由特殊到一般"的教学规律。在进行教学过程管理时应把握"循序渐进，因材施教，启发诱导，教书育人"的教学原则。教务主任及教务工作人员要深入实际，通过听课、兼课，与教师一起探讨、研究，以取得对教学进行科学管理的指挥权。

（2）依据教学过程阶段和特点实行目标管理

通常把实施教学过程的流程划分为"教师备课与学生预习阶段""教师讲课与学生听课思考阶段""教师课外辅导与学生复习巩固阶段""教师批改作业进行评定与学生练习应用阶段"。将各个阶段的目标组合起来就是教学管理目标，它具有导向和提高各个阶段教学成效的作用。

（3）依据育人特点强化常规管理

教学常规是维护学校正常教学秩序的重要保证，是提高学校教学质量的前提。教学常规管理包括：教师备课、上课、作业批改、课外辅导、考试管理规定；学生预习、听课、复习、作业等管理规定。

教师应在把握教材内容的基础上，依据课程标准的要求进行备课，形成教案。备课时应精心设计问题，注意学生创造意识和实际能力的培养；在上课前，准时到达教室。课堂教学中应注重培养学生良好的学习习惯，教师应重视师生合作互动，重视师生情感交流，重视形成良好师生关系；教师的作业布置应满足课程标准对学习水平的要求，应有助于学生巩固和加深理解所学知识，有助于学生形成相应的能力，有助于学生发展。习题应精选，难易适度。教师应及时批改，及时反馈；教师应以对每位学生负责的态度，从学生实际出发，制定切实有效的辅导计划，积极地开展课外辅导。既要重视对优秀学生的知识拓展和能力培养，更要对学习有困难的学生进行有针对性的补缺补差。

教学常规管理中，对教师的教有具体要求，对学生的学也应有相应的规范。学校应要求学生在教师的指导下，形成良好的学习习惯，如课前预习、认真听课、课后及时复习、认真完成作业等。

教学常规的基本要求是：持之以恒，保持相对稳定；不断丰富，保证发展提高。

（三）教学质量管理

1. 教学质量管理的含义

教学质量管理是为保证培养目标而对教学过程和效果进行组织、协调、指导和控制的活动。教学质量管理与教学工作质量共同构成教学质量的基本保证。

2. 教学质量管理的方法

（1）进行教学质量监控

教务处要经常了解各科教师的教学情况，加强教学信息反馈过程的管理。各教学环节的经常性检查，可以通过查阅教案、抽查学生作业、分析平时测验及期中考试成绩和试卷、召开座谈会、检查性听课等方式进行。教师应积极主动地接受教研组、备课组交给的命题任务，按照教务处的有关规定，依据课程标准的学习水平要求，出好试卷，对测验、考试的情况进行全面的分析，针对测验、考试重复出现的问题，提出相应的对策，进行适时、有效的调控。教务处的定期检查，一般可安排开学前教学准备工作检查、期中教学检查、期末教学检查等。

（2）搞好教学质量评价

教学工作评价是宏观调控教学工作的重要手段。学校教学工作评价一般包括总体教学工作评价，学科、课程和各项教学基本建设评价，教师教学质量和学生学习质量评价等。开展教学工作评价，要明确目标，建立科学的评价体系，要抓好基础，突出重点，要坚持"以评促建，重在建设"的原则。

坚持教学工作评价经常化与制度化。要把教学工作评价的目标与内容作为日常教学建设与管理的主要内容，实现教学工作评价与日常教学管理相结合，不搞形式主义。重视新生入学基本情况、学生学习和考试情况、毕业生质量调查等主要教学信息的定期采集，并进行统计分析和管理。教学工作评价要和学校激励机制、约束机制相结合，通过评价调动教师和干部的积极性，增强广大教师的凝聚力。

教学质量评价可以从评价内容、评价形式、评价条件、评价要求、教学过程、教学方法、教学效果等方面进行。评价形式有形成性评价和终结性评价。评价条件指有相应的评价组织，有具体可行的评价方案。评价时要求"公正、客观"，能体现科学性、发展性、导向性原则，深入实际，广泛听取意见。评价方法一般有观察法、调查法、测验法、个案法、跟踪法等。

（四）课程管理

1. 以教学管理为中心向以课程管理为中心转变

首先要识别课程与教学：课程是为有目的的学习设计的内容体系；教学是为达到教育目的而选择的方法策略。课程实施就是赋予某种事物以教育教学价值意义的过程。

其次要实施课程管理，必须按照国家课程计划，开齐开足国家课程。要根据省市教育行政部门的要求执行地方课程，合理开发和选用校本课程。向有关教育行政部门反映国家和地方课程计划在实施中所遇到的问题。建立校本课程的内部评价机制，对教学活动、教学评价、课程资源开发与利用等方面要进行自我监控，确保学校办学质量的稳定和提高。

2. 以课程管理来促进教师专业发展

课程管理让教师能够由教学视野向课程视野拓展，指导教师用课程意识来审视自己的课堂教学改革，促进自己的专业发展。同时课程管理还能帮助教师提高课程实施能力。帮助教师在课程实施能力提升方面解决以下一些问题：课程理念与教师实施行为之间脱节的问题；不能将资源转化为课程资源的问题；如何结合学校实际、学生实际和自身实际，有效地利用课程资源的问题。

3. 提升课程管理和领导能力

（1）构建课程管理和领导的思维框架：协助校长做出学校规划决定；构建学校课程管理制度；组织各类课程的开发；课程实施的课程管理；课程目标达成的评价与激励。

（2）明晰课程管理和领导的主要内容：学校远景及课程目标的确立；学校课程规划及年度课程计划的编制；组织课程目标学习及学科规定性要求的确立；公布课程实施的评价标准及其要求；组织教师进行课程计划和进行活动的设计；培养教师课程能力的活动安排及考核；学校活动课程的安排和实施；教师课程实施的指导、监控；课程资源的选择、开发、建库、数字化管理；课程实施的个性化、群体化、流程化、绩效化管理。

（3）明确提升教师课程实施能力的培养目标：对课程作用的价值判断力；将资源转换为课程的能力；系统化建构课程资源内容的能力；有效组织和有效实施的能力；自我评价和自我调适的能力。力争让每位教师具备"生活处处有课程，一言一行皆教育"的理念，并转化成自己的教育教学行为。

三、协调和服务性管理

（一）注意学校正式组织与非正式组织的有机融合，发挥非正式组织的作用

学校里设置的各种教研组、年级组、备课组、教务处、德育处、总务处等都属于正式组织。教务主任的管理不仅要通过正式组织实施，同时要重视人际关系和非正式组织的作用，将正式组织和非正式组织有机融合，发挥非正式组织的作用。非正式组织是正式组织不可缺少的部分，非正式组织使组织更有效率，并有助于使组织更有效力。除信息沟通外，非正式组织在组织的习惯养成、风气形成、性格磨练、价值观念以及忠诚心理等方面，都有重要的积极作用。

（二）关注教师成长，研究教师成长规律

以前的管理中，人都是为组织而存在的，重视人的目的，是为了实现组织目标，归根到底，人是实现组织意图的工具。所以，这种所谓的"以人为本"，类似于中国古代思想的"用人如器"，重视人是为了利用人，如果人对组织"无用"，那么就没有被重视的理由，而到了巴纳德的社会关系论，人变成最基本、最原始的起点，组织是为人实现自己的意愿服务的，人不再异化为组织的工具。因此，学校就是要以学生和教师发展为本，教务主任作为管理者不仅要关注教师的成长，而且要研究教师的成长规律，促进教师的专业成长。

（三）建立学习型组织，打造协作的教师团队

教务主任要按照教育规律和教师的个性特点，引领广大教师钻研业务，充分发挥他们的聪明才智和潜力，建立学习型组织，用自己的睿智引领教师走专业成长之路。从而提高广大教师的业务素质，使之不断为教育事业多做贡献，打造一支合格的教师团队。在教师团队建设中，要建立学习型组织，协作很重要，其策略包括：1. 构筑共同愿景；2. 创设支持性组织环境，创设民主、和谐、宽松、平等的环境氛围；3. 建筑学习共享系统，形成教学共同体；4. 建立组织学习保证促进机制；5. 实施组织结构和教育制度改革。

第四节　新课程背景下教务主任业务素质能力面临的挑战

自 2001 年秋季教育部全面实施基础教育课程改革至今，课程改革的脚步未曾停止过一天。面对课程改革，作为教学管理者的教务主任也面临着管理上的全新挑战，也将在迎接挑战的过程成为课程改革的一股重要力量。教务主任如何应对挑战，充分发挥自己的管理作用可能关系到一所学校的发展。所以，教务主任必须理性地分析并应对所面临的挑战，以利于更好进行新课程背景下的教学管理。

一、如何协调新课程教学理念和传统评价方式的矛盾

无论是学校还是普通教师，都随着新课程的推进而转变着自己的教育教学观念，新课程理念已经深入人心。在许多教师的教学理念和教学方式开始转变的时期，当下的教学评价体系的滞后成为阻碍新课改的一条减速带。

教务主任一方面承担着指导教师们进行新课程改革的任务，另一方面还担负着保证教学质量的重要任务。这两个重要任务要求教务主任在管理中锐意改革，勇于开拓且加大管理力度。这两者本身并不矛

盾，但是现行的教学评价体系并没有随着课程改革的推进而产生根本性的变化，分数依然是衡量教学质量的最重要的标准。学校的上级主管部门关注分数，社会关注分数，教师自然就更加关注分数。在分数的巨大衡量作用面前，新课程理念的教学和教师们平时的实际教学理念不能有机统一。

在社会看重分数而并不很注重教学过程的实际情况下，教师的教学观念就很难改变，往往表现为公开课等形式上的变化，而不是平时教学过程的真实变化。我们所倡导的教学还没有一个相对合理的评价体系，在传统的以分数为唯一评价标准的评价体系面前，新课改推行得很无力，也很无奈。评价改革是重要的配套措施，尤其是考试改革。社会与上级教育行政部门如何评价学校，学校如何评价教师，教师如何评价学生，都从一定程度上制约着课程改革推行的进度。当一切都以考试成绩为中心的时候，课程改革就只能在教室外徘徊，而难以有实质性地进展。面对这样的实际情况，教务主任应当探索出一条有利于教师的评价和新课程的推进相统一的管理之路，使课程改革和当前相对滞后的评价标准能够和谐统一起来，这是一项很艰巨的任务。

二、如何调和教师的传统教学理念和新课改课程教学需求的矛盾

站在课程改革最前沿的是一线教师，教师的观念没有发生转变，学生就不可能感受到课改的气息。而实际教学管理中，存在着教学观念十几年甚至几十年不变的教师。在他们的自我评价观念中，所带班级的分数就是衡量自己教学质量的唯一标准。"班级分数高了，谁能说我教得差。"在这样的教学理念的引导下，靠多花时间、多做题目也能适应现行的评价制度。虽然学生不喜欢这样的教学，但是家长满意于分数，学校和教师满意于分数。新课程的理念着眼于学生知识和能力的共同发展。而目前的考试侧重于学生知识的考核，对能力的考核还没有成为重点，造成教师偏重于平时的题海战术，而不是在课堂上培养学生各种学习能力。

面对这样的现实，作为教务主任，如何通过有效的措施转变教师的教学理念，把一切从分数出发转变为一切从学生出发是个难题。如何调和教师的传统教学理念和新课改课堂教学需求的矛盾是教务主任面临的又一挑战。

三、如何处理学科发展差异和新课程学科均衡发展之间的矛盾

课程改革以前的教学，重视语、数、外这些"大学科"而轻视音、体、美之类的"小学科"，大学科教师的学科本位思想比较突出，常常出现占用小学科教学时间的情况。而小学科教师也认为大学科才是衡量学校办学质量的标尺，所以对本学科的教学和学生的发展没有予以足够的重视，造成了学生素质发展的短板现象。这和新课程要求的各学科均衡发展，有效整合，渗透人文思想，以促进学生的全面发展是不一致的。

同样，教学管理也面临着这样的不一致。传统的教学管理偏重分数，偏重大学科，轻视小学科。课程改革以来，各学科的发展齐头并进，不断整合，为学生素质的全面发展创设了良好的条件。但是，也要看到，在很多学校大学科依然是衡量教学质量的唯一标准，很少有学校能通过小学科的发展而声名远扬的。即使是小学科教学出色，也是以大学科的更加出色作为基础的。学科之间的均衡发展不太容易做到，学科之间的整合更加困难。

四、如何从传统的课程管理转变为课程管理和开发

传统的课程管理所指向的对象是国家和地方教育行政部门制定的课程，在管理过程中注重的是对统一课程、规定课程的管理，无论是课程设置的名称还是教材都是整齐划一的，管理过程中管理者对课程本身的开发几乎没有。

新课程力求改变课程管理过于集中的状况，实行国家、地方、学校三级课程管理，增强课程对地方、学校及学生的适应性。根据这一目标，学校校本课程的开发就成为了教学管理过程中重要的一个环节。校本课程开发是我国基础教育三级课程管理的重要内容。它是在中小学多年来实施活动课、选修课和兴趣小组活动的基础上继承和发展而来的课程开发策略，是学校根据自己的办学理念和实际情况自主开发的课程，目的是为了更好地满足学生的实际发展需要。学校、教师从教材的使用者一下子成为开发者，这对教学管理者的课程开发指导能力提出了新的要求。

五、如何使传统教研转变为新课程理念下的校本研修

传统的教研是自上而下的，学校、教师已经习惯了服从于上级教育主管部门的安排，无论是教研的内容，还是形式，都是由上级部门制定的。学校内部的教研也是沿袭着上级教研的形式和方法，缺乏主动性，针对性不强。教师们已经习惯于在教研中做一个被动的参与者，而不是担当教研的主角。

校本研修是新课改推进过程中出现的一个新名词。所谓校本研修就是学校以教师互教互学为基本形式，与教学研究、教学科研融合在一起，以提高教师教育教学能力为主要目标的促进学校与教师发展的过程与活动。它将研究的重心落到学校中来，是一种自上而下的研究，重点是以教师的实际需要和学校的发展需要出发开展研究，核心是学校教研、科研、培训一体化。面对新课程的这一要求，教务主任如何准确理解校本研修的含义，如何充分利于校本研修达到教学管理的目标，这是教务主任必须先于一般教师考虑的问题。

校本研修是相对于传统的教研形式而提出的，其重心在于"校本"两字。学校的教师成了研究的主体，成了研究的直接参与者和受益者。那么在要求更具民主气息的校本研修中，教务主任如何调动教师研修的积极性，如何让教师从被动参与者成为研修的主角？这个"本"字给教务主任提出了一个新问题。

第七章 学校内部多种教育因素的协调与利用

教务人员处于学校的中层位置，上有校长，下有教师，中间还有同级领导，如果不能处理好这些关系，就很难扮演好教务人员这个角色。要提升自己的素质和水平，必须学会处理好以下几个关系。

第一节 与上级（校长）的关系

教务人员首先要面对的压力来自于自己的上级——校长。教务人员与上级（校长）的关系应是尊敬、理解、支持、拥护。教务人员要顺利开展工作，必须得到校长的信赖和支持。如何学会与校长和睦相处并成为他的得力助手，这是建立组织内良好人际关系的关键。

一、要尊重校长

这种尊重，不仅应该让校长看出来，而且要让校长从内心里感觉出来。

其一，要使校长感觉到，你做工作、提建议的指导思想和目标，和校长基本一致，都是处于公心，为了把工作做得更好。

其二，要使校长感觉到，你的思维方式大胆创新、勇于开拓，考虑问题既立足教务处的微观位置，做好本职工作，又能站在全校的全局位置，替校长出点子、想办法。

其三，要使校长感觉到，你在行为方式上，能够畅所欲言，出谋划策，能大胆地提出不同意见，不是为了出风头，超过校长，而是为了维护校长的尊严和威信，真诚地助上级一臂之力。

其四，要使校长感觉到，你对学校布置的工作和做出的决策，都认真思考过，并且都在认真执行；对于一些具体问题的建议，也是你经过深思熟虑后提出来的合理性建议。

二、要理解校长

可以从以下几个方面给予理解：

首先，理解校长也是人，世界上没有完美无缺的人，即使是大家公认的好人也会有瑕疵，校长也是如此。在一起工作的人，缺点更容易显现；而教职员工对校长更有期待，期待校长在工作实力和人格魅力方面比自己更会做事、更会做人，也更有才干。因此，校长"应有的形象"和"被期待的形象"与眼前所见存在差距，对校长有不满就由此产生。我们要知道理想的校长只存在于教师的观念之中，而现实的校长是平凡的人，是有缺点的，是不完美的。因此，只有理解校长是人不是神，理解校长是有缺点的，就可以不去吹毛求疵了。

其次，理解校长肩上责任重大，交给教务处的任务进展不顺利，最终还是校长要负责，特别是当今谁都能来指责教育一番的社会背景下，校长就更难当了。有时面对校长的指责和推诿责任的情绪要给予理解，毕竟校长也是人，也有软弱的一面。

再次，理解校长考虑问题的整体均衡性。教务人员一般把自己的工作当作一切，而从校长的角度来看，教务工作只是整体工作的一部分，他要考虑整体的均衡性和调和性，还要考虑解决问题不给周围带来负面的影响，更要考虑主管部门和其他相关部门的反映，就要求校长必须从广阔的角度去观察和思考问题，因此教务人员认为好的提案，到了校长那里不一定被采纳，往往就是出于这些原因，我们要给予充分的理解。

三、要支持校长

支持校长落实到具体工作就是强调执行。作为学校中坚力量的教务人员必须积极执行校长的教学决策。作为执行者的教务人员，一是认真领悟决策内容。若确认决策的要求是正确的，就要结合实际忠实照办；若认定自己理解有误时，就要及时查清原因，迅速调整纠正；若认为决策有待完善或完全错误，应当实事求是地及时指出，避免影响学校的正常工作。二是雷厉风行，积极行动，有效执行。要想执行得力，很重要的一环就是始终保持执行的力度不减弱。这样才能避免开始雄心勃勃，中间走马观花，最后望洋兴叹。

四、要拥护校长

校长作为学校的最高领导人、学校的法人代表，他既代表着政府来管理学校，又代表广大教职员工的利益，而在对外的公开场合，校长代表的是学校的形象。因此，拥护校长管理好学校是每一个教职员工义不容辞的事情，除非这个校长违法乱纪，否则作为一个中层干部，拥护校长应该是自己职责范围内的事情。如何拥护呢？其一是避免当众提出反对意见，影响领导的形象；其二是选择多和校长当面沟通，或者通过电话、电子邮件进行间接沟通，让校长觉得拥有爱戴自己的下属，特别是有些不确定的问题更要私下沟通，避免公开揭丑，利于领导接受；其三是中层干部要注意不可恃才傲上，要恃才助上，以自己的实际才干做好校长的高级参谋。

第二节　与其他领导的关系

学校中层领导（教务人员、总务主任、德育主任、办公室主任）互为同级关系。教学工作是学校工作的主旋律，学校是一个合作的团队，不管自己有多么大的本领，只有把大家的智慧和力量凝聚起来，拧成一股绳，才能战胜一切困难，取得更大的成绩。从这个意义上说，教务人员是学校其他中层领导的合作者。如何与其他中层领导相处呢？就是尊重、信任、合作、支持。

首先，教务人员要与其他中层领导要互相尊重各自的权限，做到不越位，对自己的职权范围内的事不推卸于人，属于别人职权范围的事绝不干预。要彼此尊重各自的人格和习惯，不孤芳自赏，不有意无意贬低、压制和损伤别人的人格和自尊心，不挖别人墙脚，不告别人黑状。

其次，要做到相互信任，坦诚相待。与其他中层领导相处时，不能偏听偏信，更不能相互猜忌，影响团结，影响工作。信任就是要做到两点，一方面是自己要言必行，行必果，给对方以信任感；另一方面是不听信谗言，不胡乱猜疑。

再次，要能够取长补短，通力合作。人的经历、知识、能力、性格等都有各异，各有长短，因此，在对于某些问题的意见、态度、看法不一致甚至产生分歧时，就要处理得当，要顾全大局，从维护团结的愿望出发，坚持做到"大事讲原则，小事讲风格"；同时更要看到别人的长处，相互间取长补短，协调合作，就能发挥群体功能，达到1+1＞2的效果。

最后，要互相支持。支持是同级之间协调关系的基础，支持既包括工作上的关心和支持，也包括个人生活上的关心和支持。同级之间有时工作会交叉重复，对此不能推诿，要相互理解、支持，只有相互理解支持了才会相互配合；对于这些重叠的事情，在处理时不要擅自做主，要和同级之间共同商讨。同级领导在遇到困难挫折时，能及时分析判断，采取对策，主动伸出援助之手关照，提供帮助。

第三节　与广大教师的关系

教师是学校工作的主体，是实现教育目标的主力军。作为教务人员，如果与教师的关系处理得不好，总是矛盾起伏，那就无法顺利开展工作。因此，必须按照教育规律和教师的个性特长，充分发挥他们的聪明才智和潜力，使之不断地为教育事业多做贡献。要坚持以理服人、以德服人、以能服人，不要以权压人、刚愎自用。要关心、平等、服务、引领教师。

首先，从生活上关心教师。今天的教师压力更大，不管是来自生活的压力，还是来自工作的压力，他们很多时候心理会失衡。这种失衡来源于社会对教师的认可度远远低于社会对教师的要求。而教师终究不是神，他们不能吸风饮露，不食五谷。教书只是三百六十行的普通一行，他们不能仙风道骨，不落俗尘。我们更要多从人性的角度去认同教师，关爱教师。

其次，从心理上平等对待教师。教务人员既要执行学校的命令，又要人性而又严肃地对待教师。教师和学校管理层中的教务人员是最近的。我们应当和教师保持平等的关系。这样教师才能亲近你，向你讲心里话；一旦教师向你讲心里话时，你的管理就十分有效了。

再次，在工作中诚信服务教师。教务人员对于教师来说是服务者，与教师的接触最多，其服务者的身份要求自己不能高高在上，应体贴下情，了解教师工作的辛苦。人与人的情感交流是永远都不会贬值的，其生命力和效力是永存的。如果你能放下架子，体贴下情，教师怎么会不听从你的指挥、服从你的领导呢，怎么会不把全身心投入到教学工作中去呢？但是这个服务者并不仅仅是提供物质上、精神上的抚慰，作为学校教学教研工作主管者的教务人员应该是教师专业成长的服务者。

最后，在专业上引领教师。学校发展的重点工作是教师素质的提高、教师队伍的建设。教务人员应当把握当前教师改革的形势，把脉学校在学科教学方面存在的问题，要了解国内外教学法专家和优秀教师研究教学法的新成果和新经验，从而开阔视野，打开思路，大胆实践，勇于探索。引领广大教师钻研业务，用自己的睿智引领教师走专业成长之路。

第四节　与学生家长的关系

家长一般与孩子的老师打交道，除了正常的招生、毕业、转进转会出找到教务人员以外，只要是找到教务人员了，往往是无法与教师沟通，甚至是向教务人员投诉、反映问题。这时教务人员就代表了学校的形象，不可推卸责任。教务人员与学生家长之间的关系应是耐心倾听、以理服人、以情动人。

首先，要耐心倾听。长期以来，学生家长对老师及教务人员的"召见"，也是诚惶诚恐、忐忑不安。针对这一心理倾向，教师和教务人员是不是应该在与学生家长交往中注意一下方式？比如说"召见"家长的时间是否非要选在孩子出现一些问题的时候？比如说"召见"家长的地点是否非选在教师办公室里？比如说谈话的内容，是否应多选（或先选）一些家长喜欢听的好话（给学生多一些表扬）？有的教务主任就非常注重和学生家长的交流方式，每次有学生家长到校，总是热情打招呼。如果孩子不爱学习，他就先说孩子有爱心爱帮助别人，这样家长容易接受，谈话在愉快的氛围中进行，既解决了问题，又给家长留下了"为人师表"的好印象。

在与家长沟通相处的过程中，教务人员不仅代表自己，更代表着学校，所以，要耐心听家长的诉求，哪怕是不合理的，可以适当地记录家长的诉求要点，然后进行妥善答复。当时无法或不便答复的请家长留下联系方式，待汇报学校商议之后再与家长交流。

其次，要以理服人。作为教务人员要以理服人，千万不要简单冲动。家长既是学校服务的对象，也是学校教育学生的长期合作伙伴，因此，千万不能应付家长，要能够换位思考，以家长的立场观点来分析问题，这样你就可以理解家长；其次要学会站在教育学、心理学的角度来帮助家长一道分析孩子的问题、教育方式问题，教务人员与家长，作为关系的双方，可以说，没有孩子的受教育，就没有这一层关系的存在。在孩子未接受教育之前，这种关系根本就不存在。所以，一定程度上，教务人员与家长的关系也是一种缘分。就教务人员而言，其从事教育工作，一切都是为了孩子的健康成长。就家长来说，其送子女上学，目的也只有一个：为了孩子的健康成长。在这一点上，教务人员与家长的关系，离不开孩子的健康成长，没有这一核心，关系就不存在。要使家长佩服你的教育能力和水平，从而达到晓之以理的效果。

最后，要以情动人。家长有时候不了解学校情况，不了解教师的工作压力，从而不能理解教师，因此，教务人员在与家长沟通时，要用真诚的感情来打动家长，教务人员也是社会的服务者。你为学生服务，为家长服务，你所培养的学生将来也将是社会的服务者。因此，与难缠的家长搞好关系是教人员的职责。可以列举教师辛勤劳动的事例，也可以列举教师帮助他的孩子成长的事实，用自己的真心实意打动家长。

第五节　与自身发展的关系

教务人员忙于学校事务性的工作，忙于为广大教师服务的同时，也要促进自身发展。对自己要有正确认识，关爱自己。

首先，要寻找成长点。无论是管理能力还是专业技能方面，成长点的确立要基于教育和社会发展的实际，要基于学校的实际，要基于个人的实际。找准成长点，并能持之以恒做下去，就会促进自身的成长，工作容易做出成绩。

其次，要提高在校的工作效率，尽量不把工作带回家，业余时间除了进行必要的学习以外，应尽到自己的家庭责任，教育好自己的子女，处理好家庭内部事务。事业跟家庭并不矛盾，能做一名好老师、好领导也应该能做一名好妻子或好丈夫，好母亲或好父亲。如果顾此失彼，就会有很多遗憾。

最后，教务人员一定要摆正自己在学校教学管理中的位置，明确教务处工作的职能和自身的职责任务，堂堂正正做人，老老实实办事，处理问题掌握好尺寸，把握好轻重，做到恰如其分、公正合理。这样就一定能协调好人际关系，做好本职工作。

第八章　学校教育环境的建立

第一节　教育环境的意义和特点

环境是事物存在发展的时空。任何事物都有自身的环境，教育亦然。无论是社会教育、家庭教育，还是学校教育，都是在一定的环境中进行的。环境中的各种因素都必然广泛地潜移默化地对教育活动过程产生各种客观影响。尤其人们自觉利用和建设的教育环境对教育的影响更具有独特的作用。事实上，教育活动的效果、教育过程的优化水平，不仅取决于教育者、受教育者等要素的优化，也取决于教育环境的建设与优化以及各要素的密切配合和整体结构的优化。无疑，教育环境既是教育过程的基本构成要素，也是教育理论领域应深入探讨的重要问题之一。

本节将着重阐明教育环境的概念，剖析教育环境的特点，讨论教育环境的类别，揭示建设良好教育环境的意义以及应遵循的基本原则。

一、环境与教育环境的关系

环境与教育环境对人的形成发展都具有影响作用，二者既有联系，又有本质区别。一般说来，凡是对人的影响是无目的的，自发发生的环境因素，就被看作是一般环境。凡是通过人们有目的、有意识，自觉地选择和建设的环境对人的影响，就被看作是教育环境的作用。前者是存在于教育过程之外，而后者则是教育过程的重要构成要素。一般环境的影响是客观自然存在的，既有积极因素，也有消极因素，是未经人工筛选和建设的；而教育环境则是人们对环境中积极教育条件的有目的的选择、利用或建设所形成的。一般环境对人的影响是零碎的、片面的；而教育环境对人的影响则是系统的、全面的。同时，一般环境与教育环境又有许多共同之处和必然的联系。教育环境是环境系统中的特殊部分，二者对个体的发展、对教育的效果都具有重大影响，其作用方式都是潜移默化地发生作用，具有间接性、隐蔽性的特点。

教育环境作为教育活动存在的时空与教育过程的构成要素，它的建设与优化对于提高教育教学效果，全面实现教育活动目的，具有重要意义。对此，古今中外的众多思想家虽然未对教育环境进行理论概括，未明确区分环境与教育环境，但却看到了环境对人的影响作用，重视选择利用环境进行教育。

我国古代的墨子曾用"染"来比喻环境对人性的影响。他说："染于苍则苍，染于黄则黄，所入者变，其色亦变。"我国古代大教育家孔子也非常重视环境的教育意义，他说："与善人居，如入芝兰之室，久而不闻其香，则与之化矣。与恶人居，如入鲍鱼之肆，久而不闻其臭，亦与之化矣"。我国古代的另外一位著名思想家荀子也说"蓬生麻中，不扶不直；白沙在涅，与之俱黑"，"君子居必择乡，游必就士"，目的是为了"防邪僻而近中正"。上述这些都表明对环境的影响作用的重视。著名的"孟母三迁"更是我国古代有目的地选择、利用教育环境进行教育的典型范例。

二、教育环境的作用和意义

现代教育家更加重视教育环境的作用，主张建设优良的教育环境以增强教育的效果。苏霍姆林斯基说："学校的物质基础（我们把学生周围的一切陈设也包括在内）这首先是一个完备教育过程的必不可少的条件；其次，它又是对学生精神世界施加影响的手段，是培养他们的观点、信念和良好习惯的手段。我们把孩子周围的一切都用来服务于对他进行体、德、智、美诸方面的教育。"总之，选择建设优良的教育环境在教育过程中具有重要意义。

第一，教育环境是教育活动赖以存在的必要条件。教育活动总是在一定的时空中进行的，从古至今绝没有脱离开一定环境的教育活动。校园与班级等是教育活动发生的场所，是重要的物质环境；校风、班风等是促使教育活动有效进行的重要教育精神环境；教师集体关系、教师与学生的关系、学生集体关系，是影响教育活动的重要的人际环境。此外，社会的政治经济制度、社会风气、主体文化与价值追求、教育内部的规章制度等，也都是教育活动脱离不开的重要教育环境条件。社会教育、家庭教育也都离不开各自的环境因素。教育环境是教育活动的重要前提条件，没有教育环境，也就没有教育活动的存在。

第二，教育环境是实现教育目的的客观手段。教育是有目的地培养人的社会实践活动。我们现行的教育方针目的就是培养德、智、体等方面全面发展的社会主义事业的建设者与接班人。为了实现这一目的，教师队伍的建设、教育内容的选择和更新、教育方法手段的变革等都是至关重要的。但事实证明，教育目的的实现，也取决于教育环境的优劣。教育环境的存在虽是静态的，但却无时无刻不在制约着教育活动，影响着教育效果。师生共建的优美整洁的校园充满朝气，团结奋斗的教师队伍，和谐健康的师生关系，优良的校风与学风，丰富多彩的文化活动等等，都体现着师生的共同追求，在客观上起着教育作用。教育环境是实现教育目的的重要手段。

第三，教育环境是影响教育方向和效果的重要因素。教育的方向与教育的效果决定着人才培养的质量规格。各级各类学校，既有各自的具体培养目标，又有同国家总任务相一致的教育方向。制约教育方向、影响教育效果的因素很多，如国家的教育方针目的、教育者的素质与水平、教育内容的科学化程度等，教育环境也是其中的重要因素之一。教育环境是教育者根据教育目的与培养目标有选择建设的，它体现着教育者的价值选择与教育追求，影响着培养人的方向与效果。如学校的校园建设、教室布置，校风与师生关系的建设，既体现着为社会主义事业培养人的方向性，也反映着具体培养目标的规格要求。优良的教育环境潜移默化地作用于师生的身心，总是如春风化雨般影响着教师的教学和学生的学习，从而使学生的身心获得健全发展。

总之，教育环境在教育过程中具有特殊的作用和意义。因此，当代世界各国普遍重视教育环境的建设，利用现代化手段加强教育环境的优化。

三、教育环境的分类

教育环境可以从不同的角度加以分类。但一般可以分为如下几类：教育的社会环境、教育的家庭环境、教育的人际环境、教育的传统环境、教育的文化环境与教育的自然环境。事实上，对教育环境的划分是相对的，教育环境的诸因素总是综合地作为一个整体对教育活动产生影响作用。

（一）教育的社会环境

教育的社会环境是存在于教育机构（包括学校）之外的直接或间接影响教育效果的各种社会条件的总和。

教育是社会大系统中的子系统，教育不能脱离社会独立存在。社会的政治经济制度、社会关系、社会物质生活条件、社会意识形态是教育存在与发展的社会大环境。教育的发展规模与方向、教育在社会生活中的地位与作用，都取决于社会大环境。社会秩序、社会风气、社会舆论、社会的价值导向与追求，社会各界对教育的态度、期望与评价，教师在社会生活中的地位，甚至社会的就业政策等也对教育具有重要影响，都直接或间接地影响教育者和受教育者的思想与行为，影响教育教学效果。

教育也有社会小环境，即环绕学校周围的社区环境。学校位于商业区，就更多地受商业活动的影响。学校周围是集贸市场，不仅影响学校的安静，也影响学校的教育秩序和学生的思想。所以，学校也必须重视社会小环境的建设。学校周围应有良好的社会氛围，消除社会存在的不良影响。

（二）教育的家庭环境

社会是由家庭组成的，每个人都生活在一定的家庭中。社会、家庭、学校是学生活动发展的全部场所。所谓教育的家庭环境就是直接或间接影响教育教学活动效果的受教育者的家庭条件。教育的家庭环境主要包括家庭的物质生活条件、精神文化条件和人际关系等。

家庭是社会的细胞，家长是社会的成员。家长对教育的认识与态度、对教育的参与程度，不仅对学生的成长与发展具有作用力，对整个社会的发展都有重大影响。家庭是青少年学生成长的重要场所，家庭的物质生活条件、家庭成员的人生态度与追求、家庭的文化传统与人际关系、家长的整体素质及对子女的期望等等，都对青少年的成长起着至关重要的作用。事实证明，青少年学生在学校中具有良好表现或成为"问题少年"都同家庭环境的影响紧密相连。

教育的家庭环境对教育的影响作用不可低估，学校与家庭应加强联系和沟通，共同创建培养人的优良环境。德国教育家福卢培尔说："学校必须与家庭取得联系。学校和生活的一致，家庭生活和学生生活的一致，是儿童时期完善教育的首要和不可少的条件。"

（三）教育的人际环境

教育活动是受教育者知识增长、品德形成、身体发展的统一过程。教育总是在一定的人际环境中进行的。所谓教育的人际环境就是指伴随着教育活动存在的各种人际关系因素的总和。教育的人际环境因素主要包括师生之间的人际关系，教师之间的人际关系，以及学生之间的人际关系。此外也包括教师和学生家长、学生和家长之间的人际交往关系。在教育的人际环境因素中，教师与学生的人际交往关系是影响教育效果的最主要的人际环境因素。

教育的人际环境对教育教学效果具有重大影响。和谐健康的教师集体、平等友爱的师生关系、团结互助的学习氛围，都必然有助于人的全面培养。教育人际环境的作用主要反映在以下几个方面：

第一，学生认识人、认识社会是通过对教师的认识间接实现的。所以，教师之间、教师与学生之间建立良好的人际关系，可使学生对社会、对人与人之间的关系形成正确的态度与评价，养成良好的道德品质与健全的人格，学会独立处理人与人之间的关系，发展自己的合作能力。

第二，学生的成长与发展，是在教师集体、教师与家长等的共同努力下实现的。所以，教师之间的良好关系，教师同家长的合作与沟通，对于形成统一的教育思想，形成教育的合力，最终完成教育任务，都是至关重要的。

第三，良好的教育人际环境为学生的学习和发展创设了一种宽松、和谐、快乐的心理与情感氛围，有益于学生的全面发展与健康成长。如民主平等的师生关系可使师生情感融洽，配合默契，使学生在欢乐的气氛中接受教育，增长知识与才干，形成教师所期望的思想品德。实践证明，关心爱护学生，具有民主作风的教师，在学生中具有极高的威望，他的要求易被学生接受，他的教学也会因此取得最佳的效果。反之，师生关系紧张，往往是造成教育失败的重要因素。

（四）教育的传统环境

社会中的事物在长期的运行过程中，都会形成自己的特点和风格，当这些特点和风格作为相对稳定的因素，甚至对事物的发展产生影响时，我们称之为传统。社会中的风俗、道德、思想、作风、艺术、制度等世代相传，都会形成自己的传统。所谓教育的传统环境就是指学校教育活动在长期的运行过程中，逐步形成相对稳定的校风、班风和学风等风格特点。

教育的传统环境主要包括校风、学风与班风等，这些教育的传统环境因素是以潜移默化的方式对学生的思想、情感、意志、行为等产生影响作用，是锤炼集体成员心灵的无形熔炉。优良的传统环境可起到精神陶冶与价值导向、行为规范与群体凝聚的重要作用。所以说，形成优良传统、保持优良传统是教育工作中最重要的任务。优良的传统能美化学生的生活与心灵。学生生活在这样的传统环境里会感到自豪。没有优良的教育传统，就不会有良好的教育。

1. 校风。所谓校风，就是指学校的风气、学校的特色和风格。校风是一所学校师生员工精神面貌、思想行为的集中反映。它是在长期的过程中形成的带有普遍性的相对稳定的思想与行为状态。校风体现在学校工作的各个方面，构成学校的个性特点。优良的校风是一种巨大的教育力，它指引着师生如何治学，如何做人。

2. 学风。同校风相联系的学风也是教育传统环境的一个重要部分。学风是指学生对学习的态度、对知识追求的风气，即学生在学习过程中形成的一贯作风。学风不仅指学生勤奋刻苦、锐意进取的良好学品，也包括学生注重应用理论于实际，运用知识解决实际问题的方面。良好的学风是教师辛勤劳动的结晶，体现着学生对知识的价值、对学习意义的认识，也反映着学生的整体精神风貌。优良的学风对于学生的学习与成长具有重大意义，它对学生的学习动机、学习行为与学习效果都具有重大影响作用。

3. 班风。所谓班风，是指反映学生班级绝大多数成员精神面貌的比较明显而固定的特点。班风的形成，既有班级内部的因素，又有班级外部因素的影响。班风是一个学校传统环境的重要组成部分。班风一经形成，必然会对集体成员产生巨大的影响力，促使每个人更快更好地发展。建设良好的班风是完成教育任务的重要手段。衡量一个班级是否形成良好的班风，主要看这个班级师生是否有共同的奋斗目标；是否团结一致，互帮互助，有集体荣誉感；班级是否形成了正确的舆论导向；班级是否形成了良好的学风，每个人都自觉地勤奋学习等等。

总之，优良的校风、学风和班风，是学校整体精神风貌的反映，标志着学校办学的特色与水平，具有重要的教育意义，因此应注重加强教育传统环境的建设。

（五）教育的文化环境

所谓教育的文化环境是指学校校园的物质文化条件和精神文明状态。其中包括校园的建筑风格、整洁美化状况、文化娱乐设施以及精神文明气氛等，如学校建筑的整体规划、校园内花草及树木的种植、假山湖水的建设、文娱体育设施和场所的设置，以及教室的布置。学校的文化环境也包括学校文体活动的开展和人们文明行为状况等等。

教育的文化环境反映学校的精神面貌和师生的文化追求。优良的教育文化环境，作为一种丰富多彩的文化氛围和赏心悦目的学习场所，对于陶冶学生的情操，丰富学生的知识与生活，发展学生的个性与专长，促使学生健康活泼主动的发展都有巨大作用。

教育的文化环境同社会文化环境是不可分的。我们要建设优美的校园文化环境，必须以社会中进步的主导文化为准绳，在开放的教育环境下，借鉴、融合、吸收社会中的优秀文化来丰富教育的文化环境。

（六）教育的自然环境

教育的自然环境是指教育活动场所内外的自然条件因素的总和。教育的自然环境包括天然的自然条件与人工形成的自然条件两类，如校园的地理位置、校园周围的环境情况、校园内部的自然条件等。

借山光以悦人性，假湖水以静心情。良好的自然环境对教育教学活动也有重要影响。风景优美的校园、无噪音烟尘污染的环境、光线充足、空气清新的教室等，都会使师生心旷神怡，陶冶他们的性情，有利于激发学习情绪，提高学习效率。

四、教育环境具有的特点

教育环境不同于一般环境，它具有独自的特点。它的特点主要反映在下述几方面。

（一）目的性

一般环境对人的影响是自发的，而教育环境对人的影响是有目的的。因为教育环境都是经过人们有意选择培植而创设的，目的就在于以环境影响人。教育环境作为教育过程的构成要素，其建设必然要服从于教育活动的整体目的，其对人的影响也必然要体现出教育的自觉性、目的性特点。例如，一所学校优美整洁的校园、教室，良好的校风、学风、班风，和谐的师生关系，朝气蓬勃的精神文化氛围等，都不是自发存在的，都是人们根据培养人的需要，有计划、有目的地培植、建设而形成的。

（二）正向性

客观存在的一般环境都具有矛盾性与复杂性，既存在着积极因素，也存在着消极因素。因此，一般环境对人的影响既有积极的一面，也有消极的一面。例如，改革开放的社会环境中，有振奋精神、激励人们上进的一面，也有社会不良风气的消极影响；家庭环境因素、学校内部的校园文化与人际关系等众多环境因素，也都是复杂的，具有矛盾性的。而教育环境是根据教育活动目的的要求，对复杂的环境因素进行认真筛选而形成的。因而它摒弃了环境因素中的消极因素的影响，发挥环境对人的积极影响，是教育环境具有影响性质的正向性特点。

（三）差别性

建设教育环境的目的都在于影响人，而社会主义教育的目的要求把每个人都培养成全面发展的新人。所以教育环境的建设必然具有基本的共性特点。但是，由于教育环境也要根据不同学校的具体培养目标进行不同的建设，所以各级各类学校的教育环境又都具有体现各自教育性质与培养目标的差别性特点。

（四）潜隐性

教育环境的潜隐性特点是就环境影响的作用方式而言的。教育环境是环境的特殊部分，就对人的影响作用方式来说，二者是相似的，都是在潜移默化地影响人。但教育环境又与一般环境不同，教育环境对人的影响作用是有意设计安排的，不是自发的。

教育环境渗透弥散于整个教育过程中，它无时不有，无处不在，并以其浓烈持久的精神氛围、舆论风气，形成的人际关系，建设的优美校园等潜在地灌输某种思想观念和行为准则。这种潜隐的教育力量能绕开意识的障碍，使学生在不知不觉中接受教育影响，起到教育过程中其他要素所无法起到的作用。就是说，教育环境对人的影响作用是自然的、潜在的，但它影响的性质和方向却有目的地隐蔽在环境的后面。

（五）恒久性

教育环境的影响力具有稳定的久远性。教育环境一经建设就不会轻易变更。一个学校的传统，总会历代相传，文化环境也是如此，自然环境更是这样。教育环境对教育活动具有恒久的影响力。

总之，教育环境具有自身的专门特点，只有认清这些特点，才能深入理解教育环境的本质与价值，为优良教育环境的建设奠定理论基础。

第二节 教育环境建设的基本原则

优良的教育环境是一种无形的特殊的教育力量，因此，教育环境的建设必须遵循一定的原则。

一、教育性与方向性相统一的原则

任何教育都要达到一定的目的，体现出培养人的方向性。因此在教育环境的建设上也要遵循教育性与方向性统一的原则。所谓教育性就是指寓教育于环境，使教育环境的建设具有意义，对学生身心发展发挥全面的促进作用。所谓的方向性是指教育环境的建设要符合社会主义教育培养人的总方向，要同社会主义教育目的相一致，不允许背离社会主义方向性的因素存在。无论是教育的物质环境、精神环境和人际环境，还是教育的校外环境和校内环境，都要充分体现教育性和方向性。教育性与方向性是不可分的，教育性是方向性的实质与体现，而方向性则是教育性的指向与目的。没有教育性，教育环境的方向性就无从体现，而失去了方向性，教育性就成了无本之木，也就失去了意义。因此，在教育环境的建设上，既要重视教育性，又要在此基础上坚持社会主义教育的方向性，使教育性与方向性统一。

二、同培养目标相一致的原则

教育环境的建设同培养目标相一致就是指教育环境的建设要从培养目标的特点与性质出发，以促进培养目标的实现为根本目的，同培养目标的发展方向与要求相统一。

社会需要各级各类人才，决定了各级各类学校的存在，从而决定了培养目标的差异性。培养目标反映人才的标准和规格，不同的培养目标体现着对人才素质的不同具体要求。教育环境的建设就必须考虑其不同特点和不同要求。

三、同学生身心发展特点相适应的原则

教育环境的建设同学生身心发展特点相适应是指教育环境的整体建设必须从学生的身心发展特点与水平出发，使不同年龄阶段、不同发展水平的学生学习、生活在各不相同的教育环境中，从而真正实现教书育人的目的。

教育环境对教育效果的影响作用，主要是通过影响学生的思想、情感与心理等实现的。一般来说，相同的教育环境对不同年龄阶段的学生的影响是不同的，产生的教育效果也是不同的。教育环境同学生身心发展水平相适应，会产生最佳的教育效果。而教育环境同受教育者身心发展水平不相适应，就会降低影响力。离开学生的身心特点，就会使教育环境脱离教育实际。

四、要实行美化的原则

教育环境建设的美化是指教育环境的建设要遵循美的规律，体现美的要求，实现美的价值，给人以美的享受。典雅质朴的校园建设、清澈宁静的湖水、别具一格的假山凉亭、鲜花掩映的林荫小路、窗明几净的教室，丰富多彩的文体活动，积极进取、勤奋踏实的校风与学风等等，这一切所构成的和谐优美的教育环境，必然使人情绪饱满，心情舒畅，会获得良好的教育效果。

人是美的创造者和享受者，人是欣赏美、鉴赏美的主体。人总是按照美的原则去创造，去生活。对美的追求是人们心灵的内在需要，人类追求美、创造美是因为美的本身会给人以精神上的最大快乐和满足，会激发人去不懈奋斗。美的本身总洋溢着人性与创造的光辉。任何美的事物、美的环境都是对人的一种陶冶教育。教育环境的美化不仅仅是自然环境的美化，更是精神环境的美化。人们文明的形象、高尚的道德行为、严谨的教风和学风、优美的语言等等，无不是美的体

现。所以说，高尚的精神环境建设是教育环境建设的重要方面。

五、现实与长远兼顾的原则

教育环境的建设要有整体规划，既要从现实条件出发，又要兼顾长远，符合长远规划，统一安排，有计划进行。

教育环境的建设必须首先立足现实，从现有的条件出发，不能脱离我国的国情与教育现实。所以，教育环境建设的现实性就是要求因地制宜，因校制宜，视本地区、本校的具体条件而定。

强调教育环境的建设立足现实，但并不是不要长远的建设与规划。教育环境的建设不是一朝一夕的事情，而且一旦形成，又是难以改变的。如校园的规划布局、建筑的规模、校风的建设、人际关系及各种文化设施的建设等又都必须考虑长远，从教育的未来发展出发来建设整体教育环境，反对不顾未来，只顾眼前的短期行为。要坚持教育环境建设的现实与未来的统一。

六、整体效应原则

教育环境的整体效应性就是指教育环境对教育活动的影响作用是教育环境因素互相配合的结果，不是某一个或某几个因素在单独起作用。

影响教育活动的教育因素是复杂的，而且总是作为一个因素系统在发挥作用。因此，对教育活动影响的效果不是取决于某些个别的环境因素的建设，而是取决于教育环境各因素的整体建设。因此，要建设优良的教育环境，必须认清每一个环境因素的特点及其作用，加强与环境因素的联系，全社会共建教育整体环境。

在教育整体环境的建设中，人们往往只重视校内教育环境的建设，而忽视校外教育环境的建设；只重视教育物质环境的建设，而忽视精神环境的建设。诸如此类，都是不利于教育整体环境的建设，不利于人的培养的。对于教育的发展和人才的培养，没有良好的师生关系，或者没有良好的文化环境与自然环境都是难以想象的。因此，教育环境的整体建设，不仅仅是学校内广大师生的使命，也是社会中每一个公民、每一个家庭的责任，是全社会的共同职责。因此，只有整个社会都行动起来，才会有教育环境的最优化，才会有教育的大发展。

总之，优良教育环境的建设，要综合运用上述原则，要注意各原则之间的关联，使它们互相促进和补充，在教育环境建设中综合贯彻各原则的基本要求。

第三节　为教师成长搭建平台

教师是办好学校的主要依靠力量。建立一支有足够数量的、合格而稳定的教师队伍，是实行义务教育、提高教育质量的根本大计。

一、明确根本任务，坚持考核标准

教师的根本任务是教书育人。教师应该热爱教育事业，努力完成教学任务，切实做到：教好功课，爱护学生，以身作则，努力学习。教好功课，就要钻研教材，改进教学方法，提高教学质量；爱护学生，就要对学生热情关怀，耐心教育，严格要求，指导和帮助他们发展智力和体力，提高思想觉悟；以身作则，是指在思想行为方面，力求成为学生的表率；努力学习是指关心政治，刻苦钻研业务，力求精通所教课程的专业知识，不断提高政治、文化、业务水平。

1. 对教师的要求是随着社会的发展不断提高的。当前，必须记住改革的根本目的是提高民族素质，多出人才、出好人才。衡量任何学校的标准不是经济收益的多少，而是培养人才的数量和质量。紧紧掌握这一条，对教师考核就有了正确的标准。

由于各地办学条件不同，师资水平和学生基础也不同，所以培养人才的数量和质量，要看学生的品德、智力、体质是否都在原有的基础上有了提高。在制定教师考核标准时，必须明确社会主义现代化建设需要的各级各类合格人才，都应该有理想、有道德、有文化、有纪律，热爱祖国和社会主义事业，具有实事求是、独立思考、勇于创造的科学精神。所有这些都要求学生身心得到全面培养和发展。这是衡量教师工作的客观标准。

2. 要使教师的工作达到标准，就要使教师具备三个条件：一是努力学习，掌握比较渊博的知识；二是认真研究，掌握教育科学知识和教育规律；三是有高尚的道德品质、崇高的精神境界，能为人师表。具备这三个条件，才能无愧于"人类灵魂的工程师"的光荣称号，才能真正称为合格的教师。考核教师是否合格，就要坚持以这三条为考核标准。

3. 帮助青年教师先过好教材关，这是提高师资水平的一项基础工作，教务主任要协助校长下大力气抓好这项工作。

(1) 帮助青年教师自学任教学科的全部教材。教务主任要请教研组长向他们介绍教材的体系和主要内容，指点学习的方法和步骤，提高学习效率。一般说来，过教材关要先通读，后精读，再结合备课钻研教材，努力做到融会贯通。这就是过好教材关的基础。

(2) 组织通晓本学科教材的教师帮助他们分析教材，掌握教材的重点、难点和关键。

(3) 帮助青年教师结合备课逐步地、系统地掌握教材，是过教材关的一种细水长流的方法。结合集体备课，对教材切磋琢磨，互相启发，互相帮助，取长补短。

(4) 为青年教师提供必要的参考资料。

(5) 为青年教师安排自学和进修提供方便。

4. 帮助教师正确处理进修与教学的关系。教师进修的目的是为了教好学生，提高教学质量，进修的课程应当体现在提高教学能力和教学质量上。

5. 要有必要的保证制度。一是建立考核制度。学校考核要与教师进修院校的考核结合起来，互相配合。一般的进修院校，多是每年举行一次考试，考试合格，颁发证书。有些教师由于基础较差，工作较忙，家务较重，工作安排不当，学习不得法等原因，每次考试都不及格。学校领导对这些教师更是要满腔热情地加以具体帮助，使他们增强学习的信心和毅力，帮助他们过好教材关和文化关。二是建立文化业务档案制度，教务处建立教师自学成绩登记卡、教学效果登记卡。三是建立定期评比制度。这项工作可以同学校每个学期的总结评比结合起来进行。要讲实效，要从鼓励进步着眼，不要搞烦琐哲学，挫伤教师的积极性。四是按照教育行政部门的规定，确实保证教师的进修时间、自学时间和必要经费。学校图书室、资料室应尽可能地为这些教师多提供些方便。

二、采取师傅带徒弟的方法，提高青年教师业务水平

教学是一门艺术。有文凭不等于有教学水平，有些青年教师离开了教学参考资料就备不了课，进不了课堂；有些青年教师则对教学过程及其规律、教学原则和教学法，几乎一无所知；有些青年教师不了解课的类型结构，不会进行教学设计，也不了解教师备课、讲课、批改作业、课外辅导的基本要求。虽然他们满腔热情地走上工作岗位，一心一意想把工作做好，但由于业务水平差，工作中的盲目性很大，经常事倍功半，甚至徒劳无功。这不仅妨碍了教学质量的提高，而且也影响了青年教师工作的积极性。作为学校领导，对他们应该特别关心，并且为他们克服困难、提高业务水平创造条件。

1. 要树立以自力更生为主，争取外援为辅的思想。无论是参加教师进修院校的学习，还是各种形式的校外进修，基本上都是以提高在职教师的文化水平为主，教师业务水平的提高想得到一定的重视，最好的办法就是利用好本校的优势教育资源。老教师业务有特长，经验又丰富，应该很好地发挥他们的作用，对青年教师做好传帮作用。所谓争取外援，主要指四个方面：一是争取外校或外地的优秀教师到校作经验介绍；二是临近学校联合起来，邀请研究教学理论有成果的专家、学者做辅导报告，从而提高理论水平；三是争取到先进学校参观学习，增长见识；四是多订一些教育报刊，加强学习，从中吸取营养，取人之长，补己之短。

2. 具体安排讲究实效。组织好师徒对子，就是一项很有实际意义的工作。每逢安排新教师时，要尽量考虑到同年级、同学科，以便有助于老教师带新教师，这样做既不影响工作，也有助于青年教师的成长。所谓传帮带，传是传授多年积累的教学经验；帮是帮助解决工作中遇到的具体问题；带是带出一个爱校、爱教、爱生的好校风。特别是带出好校风，是很有道理的。定期召开教师座谈会，交流传帮带的经验，对新老教师都是非常有益的。加强青年教师的业务理论学习和基本素质的训练，也是教务主任不容忽视的一项重要工作，尤其是教态、语言和书写。教师的态度是对待事业、工作、学生的态度的具体表现，所以教态要亲切、自然、质朴，仪表要端庄。一方面，教学要通过语言进行；另一方面，教师的语言是学生的"活课本"。所以，青年教师一定要练好语言的基本功。

三、帮助青年教师提高教学水平

在教材比较稳定、教学秩序比较正常的情况下，一个教师的教学水平高低，在很大程度上决定了他的教学质量的高低。尤其是中学生都喜欢教学方法好的教师，不喜欢教学方法单调呆板、枯燥无味、语无伦次、详略不分、主次颠倒、平铺直叙、一讲到底、照本宣科、只会讲不会做、口头禅说不完的教师。因此，为了切实有效地提高教学质量，凡是懂得教育规律的校长和教务主任，都十分重视教学法的研究，并加大力度帮助教师提高教学法水平。

帮助教师提高教学法水平的方法主要有以下几种：

1. 对教师进行教学法的宣传教育，帮助教师提高认识。教务人员要多向教师介绍中学教师改进教学法的成就，要使教师认识到教学法之所以成为一门科学，之所以要在师范院校开设这门课程，就是因为教学法是教师过河的桥和船。如果教师不学习和研究教学法，尽管大声疾呼要提高教学质量，结果仍不免使计划成为空话。有些学校的教学质量长期上不去，教学工作中的倾向问题长期得不得解决，都同不重视教学法的学习和研究有着直接的关系。

2. 帮助教师了解我国研究教学法的历史和现状，要了解国内外教学法专家和优秀教师研究教学法的新成果和新经验，从而开阔视野，增长见识，打开思路，大胆实践，勇于探索。

3. 帮助教师从大处着眼，即从实现时代所需人才的培养目标出发来培养人才，从小处着手，即从改革严重阻碍教学质量提高的一些倾向问题着手。帮助教师通过教学实践尝到改革教学方法的甜头，从而不断提高自觉性，减少盲目性，以科学的态度来研究科学方法。

四、帮助教师提高教育思想水平

韩愈在《师说》中写到："师者，所以传道、授业、解惑也。"古人也知道单纯传授知识是不够的。在科学技术日新月异的今天，衡量一个为现代化培养人才的教师水平，不仅要看能否按照课程标准的要求，把教材讲正确、讲清楚，而且要看能否提高学生的思想觉悟，培养学生的道德品质；要看能否打开学生视野，使学生学会观察，学会思维，学会比较，学会分析，学会综合，学会概括；还要看是否重视培养和发展学生的自学能力、良好的学习方法和学习习惯，打开知识宝库的钥匙让学生自己掌握，使学生的身心得到全面的培养和发展。因此，教务主任抓教学工作，抓师资队伍建设，都要着重抓教师的教育思想建设。这既是提高教学质量的根本问题，又是提高师资水平的根本问题，所以一定要认真抓好。

怎样帮助教师提高教育思想水平呢？

1. 教务主任要经常利用党的教育方针不断端正自己的教育思想，这样才能及时发现教师的教育思想问题。现在还有不少学校重智育，轻体育、德育，还有不少教师重视知识传授，无视发展学生智力、培养学生能力、提高学生素质、增强学生体质。为什么这些学校的领导不能及时发现、及时解决呢？这些都同领导自身的教育思想不够端正有着密切的关系。所以，教务主任要提高教师的思想水平，首先要端正自己的教育思想。

2. 熟悉教学过程及其规律，熟悉教学原则及其方法，是不可缺少的条件。教育思想问题是具体的，教师的教育思想，不论是正确的还是错误的，在教学过程中都要反映出来。至于校长和教务主任能否及时发现问题、解决问题，那就要看这些同志的教育思想水平的高低了。一切事物都是在不断发展变化的，因此，学校校长和教务主任，要始终坚持把教育工作当作灵魂工程来看待，要不断地探索教育教学过程及其规律，研究教学原则和教学方法。

3. 提高教师的教育思想水平，要靠教师的自觉。校长和教务主任发现教师的教育思想问题，要慎重对待，具体分析，积极主动耐心帮助。

首先，要满腔热情地、耐心地帮助教师，分清问题的是非。例如，针对单纯传授知识的问题，就可以同教师一起进行分析。通过具体分析，帮助他们认识到，教师要提高教学质量，一般都要创造以下十个条件：一是树立使学生德智体全面发展的教学思想；二是充分发挥教师在教学过程中的主导作用，并且充分调动学生的学习积极性、主动性；三是备课时对每个单元、每一节课、每一道习题、每个实验精心设计，并且把要求学生做的习题、实验先做一遍，掌握它的难度，便于因材施教；四是了解学生，研究学生，爱护学生，师生之间建立正常的感情，在学生心目中，老师不是讲解员，而是灵魂工程师；五是讲课能有的放矢，突出重点，分散难点，抓住关键；六是让学生动脑、动口、动手，真正体现学生是学习的主人；七是创造条件，使学生把知识转化为能力、信念和行为习惯；八是鼓励学生质疑问难，真正做到教学相长；九是努力学习，掌握比较渊博的知识，能满足学生的求知欲；十是以身作则，能为人师表。通过这样的分析，是非就清楚了，教师心里就明白了。

其次，可以进一步引导教师，从工作方法的角度考虑如何处理好教与学的关系、讲和练的关系、知识和技能的关系、德智体之间的关系等等；还可以进一步引导教师，从思想方法的角度考虑一下，对学生在教学过程中的地位和作用是否认识不足或者不够全面，这样引导既是尊重教师，又是开诚布公，所以大家都能接受，而且心悦诚服。

最后，把这些问题提到能否全面贯彻党的教育方针、全面提高教学质量上来讨论。讨论过程实质上就是学习的过程，由于理论同实践相结合，内容具体、熟悉、亲切，所以，讨论学习的效果就非常好。当然，思想工作不能一劳永逸。只有坚持马克思主义的认识论，经过由实践到认识，由认识到实践这样多次反复，就能不断提高学校领导和教师的教育思想水平。